DISCIERNA SUS SUEÑOS Y VISIONES

תחזיונות תחלומות

RITA ARIAS

DISCIERNA SUS SUEÑOS Y VISIONES

Autora: Rita Arias
Primera Edición

Todos los derechos reservados. Ninguna porción de este libro podrá ser reproducida, procesada o almacenada en algún sistema de recuperación, ni transmitida en cualquier forma o por cualquier medio - mecánico, fotocopias, grabación u otro; excepto por citas breves en reseñas, sin previa autorización escrita de la autora.

A menos que se indique lo contrario, todos los textos bíblicos han sido tomados de: Santa Biblia, Versión Reina Valera 1960, © 1960 por la Sociedad Bíblica en América Latina. Nueva Versión Internacional, © 1999 por la Sociedad Bíblica Internacional. Versión Dios Habla Hoy, © 1996 por Sociedad Bíblica Internacional. Nueva Traducción Viviente, © 2010 por editorial Tyndale House Foundation.

Diseño de portada y Diseño interior del libro: Blessed Books Creations
Editora: Mary Ann Martínez, Directora de Blessed Books Creations
Facebook.com/ Blessed Books Creations
Email: blessedbookscreations@gmail.com

Publicado: 2019

®️ por, Rita J. Arias Crisóstomo 2019.

ISBN: 978-1-7923-1556-5

Email: ritaariasministries@gmail.com

Clasificación: Testimonio, Crecimiento Espiritual

Agradecimientos

A ti Jesús, mi amado Salvador. Tú quien te quedaste en la cruz pudiendo bajarte porque eras inocente. Me has enseñado a sostenerme en mi lugar y en silencio. Mi vida sin ti carece de sentido.

A ti Espíritu Santo, que me revelas, me hablas y me muestras. El motor de mi existencia y ministerio eres tú, sin ti nada puedo lograr.

A ti Padre Celestial, que me amaste y adoptaste. Tú que has sido todo lo que tengo, ¡soy hija de Dios!

Agradezco a mi familia, ¡Wow! Gracias por aguantar tanto, por quedarse a predicar conmigo. Solo nosotros sabemos lo que cuesta la integridad y verdadera santidad. Gracias por callar cuando pudimos hablar y mostrar tanto. Gracias por obedecer el comando de Dios: "Estad quietos", los amo. ¡Qué me haría sin ustedes! Esposo te amo; hijos los amo y admiro; equipo son mi sangre, mi familia; APJS la congregación que Dios me ha permitido pastorear junto a los míos, sin palabras. ¡Gracias! Su pastora de fuego y amor.

A uno de mis hijos espirituales, Cristopher Laracuente. Tú mi gran recompensa, tú quien más allá de ser hijo, eres guardaespaldas. Te amamos mi niño, gracias por impulsarme a escribir este libro, por escuchar a Dios y decirme: "Ma, tienes demasiado por enseñar y revelar a esta generación escríbelo todo". Aquí estoy para apoyarte, gracias hijo. He aquí una declaración tuya palpable.

Por último, gracias a mis lectores que han crecido a mi lado y con mis cicatrices. ¡Los amo!

Rita Arias

CONTENIDO

Agradecimientos	iii
Prefacio	vii
1. ¿Qué son los sueños?	13
2. ¿Qué son las visiones?	27
3. ¿Qué son las pesadillas?	47
4. En las siestas, ¿Él se hace presente?	55
5. ¿Puedo tener sueños y visiones a la vez?	63
6. Sueños con medios de transportación	73
7. Cuando los sueños y las visiones no provienen de Dios	85
8. Sueños y su más cercana interpretación	99
9. Anote, no olvide y actúe	135

Prefacio

A través de la historia de la creación y la comunión con Dios, hemos visto la insistencia de nuestro creador para lograr mantenerse siendo uno con nosotros. Es una pasión desmedida que nos ha mostrado el Padre, por mantenerse en comunicación con su Pueblo.

Miren con cuánto amor nos ama nuestro Padre que nos llama sus hijos, ¡y eso somos! Pero la gente de este mundo no reconoce que somos hijos de Dios, porque no lo conocen a Él.
-1 Juan 3:1 NTV

Dios tiene varias vías para comunicarse con sus hijos. Algunas son: las escrituras, sueños, visiones, audiblemente y a través de sus ministros. La realidad es que tiene diferentes formas para acercarnos a Él, pero dentro de las escrituras podemos notar que una de las formas más utilizadas aún actualmente son los sueños y visiones.

La Interpretación de sueños es un regalo de Dios para nosotros. No podemos llamarlo un don del Espíritu, pues no está nombrado directamente en las escrituras de tal forma. Sin embargo, está implícito desde el Antiguo hasta el Nuevo Testamento.

Aconteció que pasados dos años tuvo Faraón un sueño. Le parecía que estaba junto al río; y que del río subían siete vacas, hermosas a la vista, y muy gordas, y pacían en el prado. Y que tras ellas subían del río otras siete vacas de feo aspecto y enjutas de carne, y se pararon cerca de las vacas hermosas a la orilla del río; y que las vacas de feo aspecto y enjutas de carne devoraban a las siete vacas hermosas y muy gordas. Y despertó Faraón. Se durmió de nuevo, y soñó la segunda vez: Que siete espigas llenas y hermosas crecían de una sola caña, y que después de ellas salían otras siete espigas menudas y abatidas del viento solano; y las siete espigas menudas devoraban a las siete espigas gruesas y llenas. Y despertó Faraón, y he aquí que era sueño. Sucedió que por la mañana estaba agitado su espíritu, y envió e hizo llamar a todos los magos de Egipto, y a todos sus sabios; y les contó Faraón sus sueños, mas no había quien los pudiese interpretar a Faraón. Entonces el jefe de los coperos habló a Faraón, diciendo: Me acuerdo hoy de mis faltas. Cuando Faraón se enojó contra sus siervos, nos echó a la prisión de la casa del capitán de la guardia a mí y al jefe de los panaderos. Y él y yo tuvimos un sueño en la misma noche, y cada sueño tenía su propio significado. Estaba allí con nosotros un joven hebreo, siervo del capitán de la guardia; y se lo contamos,

y él nos interpretó nuestros sueños, y declaró a cada uno conforme a su sueño. Y aconteció que como él nos los interpretó, así fue: yo fui restablecido en mi puesto, y el otro fue colgado. Entonces Faraón envió y llamó a José. Y lo sacaron apresuradamente de la cárcel, y se afeitó, y mudó sus vestidos, y vino a Faraón.
-Génesis 41:1-14

Una de las maneras reconocidas de Dios hablar a los hombres dentro de la Biblia, ha sido este medio, no obstante, ya no se le da importancia porque hemos entrado en un mover de misticismos donde queremos oír a Dios audiblemente. Es por esto, que estamos más enfocados en que un Profeta nos diga lo que Dios quiere hablarnos. Sin embargo, cuando buscamos en la Biblia, vemos a Dios desde el principio interesado en una interacción personal con el hombre. En Génesis 3, vemos a Dios hablando con Adán y Eva.

En Éxodo 33:11, podemos leer el tipo de relación que tenía Dios con Moisés.

Y hablaba Jehová a Moisés cara a cara, como habla cualquiera a su compañero. Podemos ver varios textos donde la preferencia de Dios es hablar directo con su creación. Por ello envió a Jesús a reconciliarnos con Él, de esta forma el velo se rasgó y ahora podemos tener acceso directo a Él.

Y he aquí, el velo del templo se rasgó en dos, de arriba abajo; y la tierra tembló, y las rocas se partieron...
-Mateo 27:51

No siempre los sueños son por causas naturales, muchas veces es revelación celestial, ya que conscientes y despiertos el sistema de este mundo no nos deja concentrarnos en lo que Dios desea hablarnos.

Es de suma importancia saber que no todos los sueños significan que Dios desea hablarnos. En muchas ocasiones cuando la persona está desconectada de Dios y va a dormir lleno de imágenes de películas de terror en su mente, momentos negativos y situaciones adversas, su memoria puede generar estas imágenes por causa de su sistema nervioso. Se debe tomar en cuenta que cuando tenemos sueños negativos de guerra o tormentas debemos analizar qué llevamos en nuestra mente antes de dormir. Si fue a descansar con pensamientos de paz y vio esto en sus sueños, puede estar recibiendo de Dios advertencia de lo que el enemigo pueda estar tramando en su contra. La forma peculiar de Dios hablarle a sus hijos aún en este tiempo es a través de los sueños.

José, Daniel, Nabucodonosor, Pablo, José el padre natural de Jesús, Abimelec, Juan y Ananías, fueron algunos de los hombres a los que Dios les reveló de una forma u otra su destino. Esto, con el fin de que pudieran arrepentirse o seguir sus instrucciones ya que algunos de ellos no servían a Dios, pero sobre todo, para que pudieran clamar a Él.

Cuando tenga sueños repetitivos de la misma especie debe tomar con alta seriedad esta advertencia. En todos los casos se requiere que oremos, por aquello que nos fue revelado. Si el sueño le perturba debe levantarse inmediatamente a atar y desatar.

Y a ti te daré las llaves del reino de los cielos; y todo lo que atares en la tierra será atado en los cielos; y todo lo que desatares en la tierra será desatado en los cielos.
-*Mateo 16:19*

Por ejemplo, cuando soñamos que alguien murió, no significa muerte literal de dicha persona, Dios puede estar revelándonos que Satanás está tramando una agenda para destrucción de este u otro conocido nuestro. Él lo revela para que podamos pararnos en la brecha por esa persona y hacer vallado.

Y busqué entre ellos hombre que hiciese vallado y que se pusiese en la brecha delante de mí, a favor de la tierra, para que yo no la destruyese; y no lo hallé.
-*Ezequiel 22:30*

Dios ama que intercedamos por otros eso muestra nuestro ADN, similar al de Él. El no tener sueños u olvidar los sueños constantemente puede ser un ataque contra nosotros de parte de Satanás y sus demonios, porque los sueños son el medio más utilizado en este tiempo por Dios para advertirnos y dirigirnos. Si olvida sus sueños muy a menudo probablemente esté bajo un ataque o influencia de demonios. El enemigo quiere que olvide lo que Dios le revela para que así no lo intercepte y mucho menos, interceda ni ore. Peor aún, que no pueda interpretar el destino profético que recibe de parte de Dios.

El libro del Profeta Joel establece que se aproximará una temporada donde toda carne tendrá sueños y visiones, palabra que fue activada en el libro de Hechos capítulo 2.

Y después de esto derramaré mi Espíritu sobre toda carne, y profetizarán vuestros hijos y vuestras hijas; vuestros ancianos soñarán sueños, y vuestros jóvenes verán visiones.

-Joel 2:28

Le invito a dar un recorrido por esta guía que le introducirá a una dimensión distinta y le proporcionará un alto conocimiento en la interpretación de sus sueños y visiones. Le ayudará a tener una relación con Dios más fuerte y firme mostrándole cuánto Dios le ha estado hablando y dirigiendo. Muchas veces ha estado esperando respuesta que cada noche le es concedida, pero totalmente ignorada por su humanidad. Hemos peleado muchas veces creyendo que Dios no nos escucha y no es así.

Deseo de todo corazón que esta guía abra sus ojos espirituales, le introduzca a esta nueva dimensión y pueda entender de la mano de Dios, toda buena o adversa temporada. Dios jamás hará nada sin revelarlo.

Porque no hará nada Jehová el Señor, sin que revele su secreto a sus siervos los profetas.

-Amos 3:7

Capítulo 1

¿Qué son los sueños?

Los sueños son el resultado de estar en descanso y reposo. Cuando soñamos estamos en estado de coma a nivel natural, es un estado de inconsciencia positiva. A continuación, deseo mostrarte los siguientes términos en hebreo y griego utilizados para la palabra sueño y sus derivados, estos han sido tomados del Diccionario Enciclopédico Bíblico Ilustrado.

La palabra sueño en hebreo es *"jalom"* y en griego *"onar"* de esta última se deriva el término castellano *"onírico"*, el cual denota *"una visión tenida en sueños, en contraste con una visión en estado de vigilia o despierto"*. *"Enypnion"*, por otra parte, *"es aquello que aparece o es visto en el sueño"*.

En los postreros días, dice Dios, derramaré de mi Espíritu sobre toda carne, y vuestros hijos y vuestras hijas profetizarán; vuestros jóvenes verán visiones, y vuestros ancianos soñarán sueños.

-Hechos 2:17

"Yashán" es otro término utilizado en hebreo para denotar *"sueño profundo"*, el cual provocó Dios en Adán para crear a Eva. Otros términos utilizados son *"Shenah"* en hebreo e *"hypnos"* en griego, el cual denota *"un adormecimiento del alma, de conformidad espiritual con el mundo y del cual se exhorta a los creyentes que despierten"*.

Y esto, conociendo el tiempo, que es ya hora de levantarnos del sueño; porque ahora está más cerca de nosotros nuestra salvación que cuando creímos.
-Romanos 13:11

Tanto en el Antiguo como en el Nuevo Testamento, los sueños aparecen como una vía normal y muy común por la que Dios se comunica con el ser humano para aconsejar, advertir o avisar, prometer e instruir, y dirigir. Normalmente no recordamos lo que sucede mientras dormimos, a menos que experimentemos un sueño bastante fuerte o una pesadilla.

Los sueños son los medios que Dios utiliza para hablarnos directamente cuando aún no conocemos su voz, no tenemos madurez espiritual o no hemos podido activar el discernimiento espiritual. El problema más grande que tienen algunas iglesias luego del pecado es el desconocimiento. En este tiempo, aún tenemos creyentes que piensan que no tenemos luchas espirituales y que Jesús ya lo pagó todo. Aunque bien es cierto que Él pagó todo, la grey da por hecho que nuestras bendiciones están garantizadas y que por onde, debemos vivir sin ningún conflicto y con una vida cómoda. La pregunta es, ¿podemos vivir despreocupados? Veamos lo que nos dice la escritura:

Por lo demás, hermanos míos, fortaleceos en el Señor, y en el poder de su fuerza. Vestíos de toda la armadura de Dios, para que podáis estar firmes contra las asechanzas del diablo. Porque no tenemos lucha contra sangre y carne, sino contra principados, contra potestades, contra los gobernadores de las tinieblas de este siglo, contra huestes espirituales de maldad en las regiones celestes. Por tanto, tomad toda la armadura de Dios, para que podáis resistir en el día malo, y habiendo acabado todo, estar firmes. Estad, pues, firmes, ceñidos vuestros lomos con la verdad, y vestidos con la coraza de justicia, y calzados los pies con el apresto del evangelio de la paz. Sobre todo, tomad el escudo de la fe, con que podáis apagar todos los dardos de fuego del maligno. Y tomad el yelmo de la salvación, y la espada del Espíritu, que es la palabra de Dios; orando en todo tiempo con toda oración y súplica en el Espíritu, y velando en ello con toda perseverancia y súplica por todos los santos.
-Efesios 6: 10-18

Esta porción nos muestra que nuestra lucha no es con humanos (hermanos, papá, mamá, hermanos de la fe, hijos, amigos, esposos), nuestro enemigo no es como usted y como yo. Usted me dirá: ¿Y cómo podré ver a mi adversario si no es carnal? Sabrá de su operación según su especie: los demonios, las potestades, los principados y huestes de maldad son espíritus, por lo tanto, muchas de sus visitaciones son por medio de sueños y visiones. El adversario es un imitador, él desea tratar de reemplazar todo lo de Dios. Muchas veces cuando ya Satanás está operando en un cuerpo, es porque esta persona le ha dado derecho legal y de esta forma él le atormenta y le aflige. La palabra de Dios nos insta a no ignorar sus maquinaciones. Un pueblo muere por falta de conocimiento, aquello que usted desconoce, le vence.

Y al que vosotros perdonáis, yo también; porque también yo lo que he perdonado, si algo he perdonado, por vosotros lo he hecho en presencia de Cristo, para que Satanás no gane ventaja alguna sobre nosotros; pues no ignoramos sus maquinaciones.
-2 de Corintios 2:11

Cuando soñamos, el cuerpo tiene varias reacciones. En ocasiones las personas sudan, otras se levantan adoloridas, nerviosas o les falta el aire. Es muy fuerte la actividad espiritual durante los sueños. Hemos tenido sueños donde nuestra quijada amanece con dolor y nuestro cuerpo abatido. Estas suelen ser señales de una fuerte intervención con el mundo espiritual. Créame, Satanás está trabajando arduo para que esto sea negado e ignorado, aun teniendo nosotros tantos datos bíblicos de cómo Dios en el Antiguo y Nuevo Testamento se comunicaba con sus hijos por esta vía. Dios nos ayude a mantenernos enfocados como iglesia y lograr ser guiados a saber la voluntad de Él para nuestra vida.

Él es un Padre de planes, es organizado y todo lo tiene bajo control. Es por esto, que sabe cómo hacernos llegar su guía.

Veamos lo que nos dice la escritura en *Jeremías 29:11: Porque yo sé los planes que tengo para vosotros —declara el Señor— planes de bienestar y no de calamidad, para daros un futuro y una esperanza.*

Él desea que conozcamos que nuestra vida está en su absoluto control, no importando lo gris que se vea. Los tonos oscuros son parte de un maravilloso color que Él estará aplicando, siempre y cuando usted deje de ver los matices menos brillantes de su vida.

En mi vida, Dios interactúa conmigo muy directo por sueños y visiones. Cuando se trata de un mensaje para otra persona, he podido escucharlo audible y me muestra como películas de su vida, aun las he podido ver desde el vientre de su madre. Sin embargo, cuando me quiere advertir o dirigir a mí personalmente, referente a mi casa o equipo ministerial, me revela en sueños y visiones exageradamente claras. A continuación, compartiré con usted uno de ellos para que así a medida que lea este manual pueda ir conociendo la acción de Dios al interpretar sueños y entender muchos de los designios que Dios quiere revelarle.

El inicio del año 2018 fue una noche muy fuerte, jamás había sentido una presencia tan maligna cerca de mí. En el sueño me vi viajando a un lugar y cuando llegué, pude observar que allí se encontraban dos personas que amo profundamente. Uno de ellos tenía un semblante muy atado, estaba tembloroso, acobardado y rodeado de hombres encapuchados los cuales estaban vestidos de negro. Estos encapuchados estaban montados en caballos negros, parecía que ellos tenían dominio de él y lo estaban persiguiendo. Él sabía quienes eran, los conocía. Estos hombres estaban en forma de círculo, donde me rodeaban a mí y a estas dos personas. La segunda persona era mi esposo y él estaba tranquilo y relajado a mi lado.

De repente se abrió el círculo y se acercó un hombre con un caballo más grande que los demás, tenía más altura que los otros, hacía ver que era el líder de esta comunidad. Al pararse frente a mí sentí una fuerte y terrible sensación de autoridad negativa, era una fuerza demoníaca. De repente, mi esposo no apareció más en el sueño, fue arrebatado y quedamos la otra persona y yo. Esta persona estaba llena de temor y dolor porque había maldad en su corazón y a la vez miedo. Me miraba diciendo: "Sálvame, a ti te va a respetar el hombre del caballo negro". Al mirar al hombre que parecía el líder, sentí que él me observaba con odio. Este hombre volteó y me dijo: "A ti no te puedo tocar, pero por tratar de ganártelos a ellos para Dios, verás lo que haré y les haré". En el sueño todo se llenó de policías y ambulancias, luego de esto me levanté muy agobiada.

Esto ocurrió en horas de la madrugada. Recuerdo que mi hijo mayor se percató de cómo me levanté pues estaba muy cerca de mí esa noche. Le dije: Jared un alto principado fue desatado en contra de nosotros, hay que orar. Horas después se había desatado este principado. Lo más increíble es que antes de este sueño ya Dios le había hablado a un amigo pastor, el cual respetamos, del pueblo de Barceloneta en Puerto Rico.

Cuatro meses antes de mi sueño, él se había comunicado conmigo y me dijo: "Profeta necesito hablarle", le dije por supuesto, estaremos visitando su iglesia y nos reuniremos. Sin embargo, él me dijo: "Es urgente venga hoy mismo de ser posible, no he podido dormir venga con su esposo". Al llegar, este pastor nos dijo: "En esta madrugada estaba orando y el Señor me dijo: Intercede por mi sierva Rita, dos demonios de alta jerarquía fueron desatados para detenerla y destruir su ministerio. Ella es el blanco, uno de los demonios es difamación y el otro, ruptura de matrimonio".

En fin, todo esto se debía a que había escrito un libro para la familia que estaba regresando la honra al sacerdote. Nuestro segundo libro, *"Mi Esposo cambió cuando cambié yo"*, fue un golpe tan duro al infierno que comenzó el ataque espiritual.

Este libro no tenía nada que ver con la vida de mi esposo, mas bien, se trataba de cómo una mujer debe respetar a su cabeza, el marido. Una vez el pastor Jorge, terminó de contarnos el sueño ese día en su iglesia, sentimos fuerte la opresión y sabíamos que era serio.

Conocíamos que Dios le hablaba fuertemente en sueños y tomamos con seriedad la advertencia. No obstante, debo confesarle que ya a la tercera semana de no pasar nada bajamos la guardia, hasta que tuve el sueño que le relaté. No darles a los sueños toda la importancia que ameritan es una gran irresponsabilidad, porque luego le reclamamos a Dios por algo que ya Él ha revelado.

Daniel también vivió esto:

En el año tercero de Ciro rey de Persia fue revelada palabra a Daniel, llamado Beltsasar; y la palabra era verdadera, y el conflicto grande; pero él comprendió la palabra, y tuvo inteligencia en la visión. En aquellos días yo Daniel estuve afligido por espacio de tres semanas. No comí manjar delicado, ni entró en mi boca carne ni vino, ni me ungí con ungüento, hasta que se cumplieron las tres semanas. Y el día veinticuatro del mes primero estaba yo a la orilla del gran río Hidekel. Y alcé mis ojos y miré, y he aquí un varón vestido de lino, y ceñidos sus lomos de oro de Ufaz. Su cuerpo era como de berilo, y su rostro parecía un relámpago, y sus ojos como antorchas de fuego, y sus brazos y sus pies como de color de bronce bruñido, y el sonido de sus palabras como el estruendo de una multitud. Y sólo yo, Daniel, vi aquella visión, y no la vieron los hombres que estaban conmigo, sino que se apoderó de ellos un gran temor, y huyeron y se escondieron. Quedé, pues, yo solo, y vi esta gran visión, y no quedó fuerza en mí, antes mi fuerza se cambió en desfallecimiento, y no tuve vigor alguno. Pero oí el sonido de sus palabras; y al oír el sonido de sus palabras, caí sobre mi rostro en un profundo sueño, con mi

rostro en tierra. Y he aquí una mano me tocó, e hizo que me pusiese sobre mis rodillas y sobre las palmas de mis manos. Y me dijo: Daniel, varón muy amado, está atento a las palabras que te hablaré, y ponte en pie; porque a ti he sido enviado ahora. Mientras hablaba esto conmigo, me puse en pie temblando. Entonces me dijo: Daniel, no temas; porque desde el primer día que dispusiste tu corazón a entender y a humillarte en la presencia de tu Dios, fueron oídas tus palabras; y a causa de tus palabras yo he venido. Mas el príncipe del reino de Persia se me opuso durante veintiún días; pero he aquí Miguel, uno de los principales príncipes, vino para ayudarme, y quedé allí con los reyes de Persia. He venido para hacerte saber lo que ha de venir a tu pueblo en los postreros días; porque la visión es para esos días.
-Daniel 10:1-14

Daniel, esperaba una respuesta a su oración en un tiempo duro para él. Dios la había concedido el mismo día, sin embargo, el príncipe de Persia (Satanás el adversario) se posicionó en el segundo cielo para que Daniel no recibiera respuesta. Esta petición fue peleada por un ángel, quien fue enviado a intervenir.

Nos pasa igual a nosotros, no prestamos mucha atención por la turbación, no obstante, Dios responde desde el día que clamamos.

Y sucederá que antes que ellos clamen, yo responderé; aún estarán hablando, y yo habré oído.
-Isaías 65:24

Tengo que confesarle, que si Dios no me hubiese hablado de la trampa que venía unos seis meses antes de ocurrir, yo hubiese tomado decisiones muy lamentables en mi vida. Y luego que Dios me revelara todo, me lamentaría por no ver a Dios en medio de lo ocurrido, además de creer la mentira feroz que levantó el enemigo. Fueron estos sueños los que sostuvieron mi vida y mi casa. De no haber sido por ellos usted no estaría leyendo esta guía.

He vivido ataques tan fuertes que he pensado rendirme, pues a veces el dolor pareciera ganar. Sin embargo, luego de este Getsemaní, Dios no tarda doce horas en aparecer en escena y disipar todo temor. Todo lo que vivo y lo que soy en Dios, lo plasmo para el beneficio y bendición de otros, para que así, jamás el enemigo gane ventaja sobre el desconocimiento del pueblo de Dios.

Hoy le ruego que no ignore sus sueños, no tome en poco lo que llega en sus descansos; sobre todo cuando tome una siesta. Son poderosas las intervenciones en las siestas. Si es de las personas que sueña constantemente, siempre duerma con libreta y lápiz, ¡anótelo todo! Cada detalle, número, dirección, hora, color, sonido, canciones, todo. Dios puede estar entregándole un gran regalo y dirección, pero el agotamiento y cansancio excesivo pueden debilitarle para que no pueda ser portador de sueños.

Aquel que sueña tiene una gran ventaja y es que todo el que tiene sueños, tiene la capacidad de levantarse a realizarlos. Si José no hubiese soñado lo que viviría con sus hermanos, y Dios no le hubiese revelado todo, él hubiese terminado dañando el plan maravilloso de Dios. Aunque no debía contarlo, ya tenía una certeza de que Dios estaba en el asunto. Al principio fue horrible, ¡sí! Fue traicionado, vendido, preso, maltratado, esclavo, humillado. Todo esto para formar su carácter y luego ser el líder que Dios ya había revelado en sueños. Aquel que también terminó siendo el gobernador de cada uno de los que le atormentó (sus hermanos).

Algo que debemos aprender es que no todos los sueños se cuentan, usted debe tener bien claro a quién le cuenta sus sueños y a quién le habla lo que Dios le revela. Puede que se los esté contando a alguien que no le quiere bien y este termine haciéndole creer que un sueño que se ve perturbador no es de Dios; solo porque no sabe interpretar. He tenido varios ministros que me han confiado y dado el honor de interpretar sus sueños. Luego se percatan que tal y como se los interpreté sucedieron.

Agradezco a Dios por este regalo. Desde niña soñaba demasiado, a veces cuatro sueños por noche. Siempre los entendía. Soñaba hasta con personas de la farándula que jamás había conocido, gente cristiana que no había visto. Luego todo lo que soñaba acontecía.

En esta etapa de mi vida y de nuestro ministerio, esto se ha incrementado de una forma absolutamente increíble y le he dado aún más valor. Me he dedicado a ayudar a entender a personas que se atormentan creyendo lo peor de sus sueños, y por este mismo medio también han recobrado la confianza y amor en Dios, pues han visto que Él jamás le había ignorado. Han entendido que Él le ha estado mostrando que más que usar a un Profeta para hablarle, Él desea hablarle personalmente. El deseo de su corazón es tener una relación íntima y directa con usted y conmigo. Bendito sea nuestro Dios

Capítulo 2

¿Qué son las visiones?

El joven Samuel ministraba a Jehová en presencia de Elí; y la palabra de Jehová escaseaba en aquellos días; no había visión con frecuencia.
-1 Samuel 3:1

En aquel tiempo escaseaban las visiones. Esto era muy serio para el pueblo de Dios. Es necesario que entendamos que no tendremos visión a menos que como el joven Samuel, aprendamos a ministrar en la presencia de quien concede las visiones.

Las visiones son el estado de ver lo que está próximo a ocurrir, estando despierto, caminando, limpiando o haciendo alguna tarea. Son una imagen visual que impresiona a quien la experimenta, con su carácter significativo y objetivo, pero que carece de todo estímulo sensorial o presencia física. Es la manifestación de algo inmaterial o trascendente a los sentidos. Cuando entramos en esa atmósfera espiritual, el cuerpo se dimensiona de lo natural a esa esfera. Las visiones son diferentes a los sueños pues estas ocurren en estado de vigilia. Generalmente ocurren en momentos de oración (Bibliatodo).

¿Por qué tenemos la capacidad de experimentar esto? Porque fuimos creados seres tripartitos, alma, cuerpo y espíritu. Estamos formados para portar ADN de Dios y de la tierra, honor que no tienen los demonios, ni los ángeles. ¡Cuánto se lució Dios al crearnos! ¡Cuánto nos ama!

Es sumamente importante conocer a profundidad qué son las visiones. En hebreo la palabra visión la encontramos como *"jazón"* la cual denota: *"Vista, sueño, revelación, oráculo, profecía o visión"*. Este término se encuentra mayormente en los libros proféticos; casi siempre indica un medio de revelación y también el mensaje que se recibe a través de la visión. Veamos como las sagradas escrituras lo expresan:

Y será afirmada tu casa y tu reino para siempre delante de tu rostro, y tu trono será estable eternamente. Conforme a todas estas palabras, y conforme a toda esta visión, así habló Natán a David.
-2 Samuel 7:16-17

Por medio de la visión que tuvo el Profeta Natán, Dios establecía al rey David y a su dinastía, le hacía saber lo que Él haría en su generación.

Lo que Dios le revele una vez atesórelo, será su guía para momentos de dudas o dificultad. Existen varios tipos de visiones y hay una clara diferencia entre ellas. La Biblia contrasta entre las visiones vanas, que son visiones humanas y almáticas producidas por el deseo de lo que nosotros anhelamos.

Como sueño volará, y no será hallado, y se disipará como visión nocturna.
-Job 20:8

Y las visiones de los Profetas de Jehová que son aquellas que realmente Dios ha dado:

Y será como sueño de visión nocturna la multitud de todas las naciones que pelean contra Ariel, y todos los que pelean contra ella y su fortaleza, y los que la ponen en apertura.
-Isaías 29:7

Las visiones pueden dirigirse a los sentidos por medio de un objeto externo. Este término, lo vemos representado por la palabra hebrea *"maré"* vista (acto de ver), apariencia (lo visto), aspecto atractivo, modelo, parecer, rostro, semblante, semejanza o vista. Esto lo podemos ver ilustrado en el encuentro de Moisés con Dios.

Entonces Moisés dijo: Iré yo ahora y veré esta grande visión, por qué causa la zarza no se quema.
-Éxodo 3:3

Muchas veces en nuestras emociones podemos imaginar que tenemos una visión y es simplemente un reflejo de engaño para que perdamos el enfoque de lo real. Por eso es tan importante la unidad con el Espíritu

de Dios. Las visiones se activan mayormente en momentos de mucha quietud. Sin embargo, Dios también las envía cuando estamos ocupados y en alta actividad, pues muchas veces es la forma de captar nuestra atención y desviarnos de nuestra tarea para hacernos entrar en las de Él.

Usted puede viajar en una visión o ser alertado de algo que está sucediendo. De forma contraria a los sueños, el 90% de las visiones muestran lo que está sucediendo actualmente en el presente, en el tiempo real.

Veamos varios textos bíblicos donde Dios reveló el ahora, a cada uno de sus siervos y cómo a través de ellos dio instrucciones para lo que estaba ocurriendo o para lo porvenir. Quiero que observen que cada visión anunciaba algo.

Y habló Dios a Israel en visiones de noche, y dijo: Jacob, Jacob. Y él respondió: Heme aquí. Y dijo: Yo soy Dios, el Dios de tu padre; no temas de descender a Egipto, porque allí yo haré de ti una gran nación.
-Génesis 46:2-3

VISIÓN DE PROMESA/ GÉNESIS 15:1-4 NVI

Después de esto, la palabra del Señor vino a Abram en una visión: diciendo: No temas, Abram. Yo soy tu escudo, y muy grande será tu recompensa. Pero Abram le respondió: Señor y Dios, ¿para qué vas a darme algo, si aún sigo sin tener hijos, y el heredero de mis bienes será Eliezer de Damasco? Como no me has dado ningún hijo, mi herencia la recibirá uno de mis criados. ¡No! Ese hombre no ha de ser tu heredero —le contestó el Señor—. Tu heredero será tu propio hijo.

En este versículo, Dios estaba preparando a Abraham para su linaje y promesa, le mostró antes de todo lo que vendría. Abraham había perdido la familia, Dios lo separó de ellos porque no eran parte de su plan. Ellos podían dañar a Abraham pues la familia del padre de la fe era idólatra. Antes de Dios pedirte sacrificio, primero te ofrece. Dios le estaba otorgando a Abraham en el ahora del mundo natural su promesa a través de una visión. Es importante mencionar que las visiones mayormente las tienen las personas que tienen una vida muy dependiente de Dios.

VISIÓN DE SEGURIDAD/ HECHOS 18:9-10 LBLA

Y por medio de una visión durante la noche, el Señor dijo a Pablo: No temas, sigue hablando y no calles;

porque yo estoy contigo, y nadie te atacará para hacerte daño, porque yo tengo mucho pueblo en esta ciudad.

Pablo siendo amenazado por predicar el evangelio tenía que recibir la paz de Dios para saber que lo que estaba haciendo era lo correcto; anunciar el reino de Dios y capacitar a las iglesias. Dios luego de adiestrar a Pablo lo fortaleció y adiestró por medio de visiones.

VISIÓN DE LO PORVENIR/ DANIEL 8:17-19 LBLA

El se acercó adonde yo estaba, y cuando llegó, me aterroricé y caí sobre mi rostro, pero él me dijo: Entiende, hijo de hombre, que la visión se refiere al tiempo del fin. Mientras él hablaba conmigo, caí en un sueño profundo con mi rostro en tierra; él me tocó y me hizo incorporar donde yo estaba. Y dijo: He aquí, te voy a dar a conocer lo que sucederá al final de la ira, porque se refiere al tiempo señalado del fin.

VISIÓN DE SANIDAD/ HECHOS 9:10-19

Había entonces en Damasco un discípulo llamado Ananías, a quien el Señor dijo en visión: Ananías. Y él respondió: Heme aquí, Señor. Y el Señor le dijo: Levántate, y ve a la calle que se llama Derecha, y busca en casa de Judas a uno llamado Saulo, de Tarso; porque he aquí, él ora, y ha visto en visión a un varón llamado Ananías, que entra y le pone las manos encima para que recobre la vista. Entonces Ananías respondió: Señor, he oído de muchos acerca de este hombre, cuántos males ha hecho a tus santos en Jerusalén; y aun aquí tiene autoridad de los principales sacerdotes para prender a todos los que invocan tu nombre. El Señor le dijo: Ve, porque instrumento escogido me es éste, para llevar mi nombre en presencia de los gentiles, y de reyes, y de los hijos de Israel; porque yo le mostraré cuánto le es necesario padecer por mi nombre. Fue entonces Ananías y entró en la casa, y poniendo sobre él las manos, dijo: Hermano Saulo, el Señor Jesús, que se te apareció en el camino por donde venías, me ha enviado para que recibas la vista y seas lleno del Espíritu Santo. Y al momento le cayeron de los ojos como escamas, y recibió al instante la vista; y levantándose, fue bautizado. Y habiendo tomado alimento, recobró fuerzas. Y estuvo Saulo por algunos días con los discípulos que estaban en Damasco.

Las visiones son muy superiores a los sueños, Dios revela en visiones a aquellos que tienen alta relación con Él. Todos pueden tener sueños, pero no a todos Dios les revela, ni les habla por medio de ellos. Aquellos que tienen pactos con dioses paganos pueden tener sueños y visiones que no provienen de Dios. Como iglesia debemos entender que el discernimiento es demasiado importante y vital en este tiempo. Es peligroso llamarle a lo pagano santo.

Deseo mostrarle algo qué ocurrió en las escrituras, donde nos educa y nos muestra lo que escribí en este párrafo.

> Habló Jehová a Moisés y a Aarón, diciendo: Si Faraón os respondiere diciendo: Mostrad milagro; dirás a Aarón: Toma tu vara, y échala delante de Faraón, para que se haga culebra. Vinieron, pues, Moisés y Aarón a Faraón, e hicieron como Jehová lo había mandado. Y echó Aarón su vara delante de Faraón y de sus siervos, y se hizo culebra. Entonces llamó también Faraón sabios y hechiceros, e hicieron también lo mismo los hechiceros de Egipto con sus encantamientos; pues echó cada uno su vara, las cuales se volvieron culebras; mas la vara de Aarón devoró las varas de ellos.
> -Éxodo 7:8-12

Vemos en la escritura que ambos, tanto los representantes de Dios como los representantes de faraón, hicieron lo mismo, pero todo lo de Dios permanecía. Aún el pueblo viendo esto, fue engañado por los hechiceros, nadie discernió que eran falsos y que Dios tenía el poder. En este tiempo cuando usted no entiende sus visiones, puede perder mucho. Todavía quedan de estos que hacen señales y milagros que no provienen de Dios. Podemos perder el acceso a códigos que Dios desea entregarnos por no saber discernir entre lo falso y lo verdadero. Mas adelante, vemos como Dios trató de hacerle ver al faraón que Él era Dios y que lo que Él estaba mostrando a través de Moisés y Aarón era un acto de soberanía. Dios volvió a darle una segunda alerta, pues el deseo de Dios era que su pueblo fuera libertado no esclavo. Es por esto, que Dios nos habla en visión con urgencia. Veamos pues lo que Dios vuelve a revelar:

Y Moisés y Aarón hicieron como Jehová lo mandó; y alzando la vara golpeó las aguas que había en el río, en presencia de Faraón y de sus siervos; y todas las aguas que había en el río se convirtieron en sangre. Asimismo, los peces que había en el río murieron; y el río se corrompió, tanto que los egipcios no podían beber de él. Y hubo sangre por toda la tierra de Egipto. Y los hechiceros de Egipto hicieron lo mismo con sus encantamientos; y el corazón de Faraón se endureció, y no los escuchó; como Jehová lo había dicho. Y Faraón se volvió y fue a su casa, y no dio atención tampoco a esto. Y en todo Egipto hicieron pozos alrededor del río para beber, porque no podían beber de las aguas del río.
-Éxodo 7:20-24

Observe el final de este versículo, todos trabajaron el doble buscando la pureza del agua por no obedecer lo que Dios habló a través de sus siervos. Los egipcios tuvieron que cavar varios pozos para buscar agua limpia. Esto no hubiese sucedido si el faraón hubiese obedecido lo que Dios le dijo. Sin embargo, él decidió pasar por alto lo que Dios mostraba, peor aún, trató de imitar a Dios para que el pueblo entendiera que él era dios.

Si hay algo peligroso que estamos viviendo en este tiempo es que la gente desea ser como Dios, no parecerse a ÉL. No fuimos creados para ser igual a Dios, sino para tener sus semejanzas. Por ende, terminamos en actos de rebeldía por causa de esta actitud, soberbia e inmadurez, que solo revela la misma condición de Satanás.

Las visiones son importantes porque nos mantienen en alerta del reino y la voluntad de Dios. Ahora bien, la visión de la cual Proverbios 29:18 nos habla es diferente:

Donde no hay visión, el pueblo se desenfrena, pero bienaventurado es el que guarda la ley.

Se trata de ayudarnos a saber hacia dónde vamos en el plano natural. Una persona visionaria es aquella que tiene un norte claro a nivel de proyectos.

¿Cuán peligroso es no tener visión? Es muy peligroso pues para saber hacia dónde vamos, primero debemos saber por dónde iremos y cómo llegaremos, es esto precisamente lo que hacen las visiones. Dios nos muestra el vehículo, para que nos mantengamos enfocados en el destino final que Él nos preparó. Una persona visionaria no es lo mismo que un portador de visiones. Usted puede ser visionario, tener mente de empresario y más, pero estar fuera de la voluntad de Dios. Faraón era gobernador, pero no tenía la dirección de Dios.

Un visionario es aquel que tiene pensamientos y deseos para realizar en su mente (acción imaginaria), sin embargo, uno que porta visiones es el que ve aquello que va a lograr antes de tenerlo (soñadores naturales).

VISIONES VANAS

Debemos saber cuándo hemos tenido una visión que fue creada por nuestros deseos y emociones. Normalmente cuando estamos en tiempos de dificultades y mucha presión, tendemos a querer salir de este laberinto emocional pues es desesperante estar bajo dolor y desenfreno. Los pensamientos nos aturden, no nos dejan dormir en paz y perdemos hasta el apetito a los alimentos. Esto es un fuerte indicativo que nuestros sueños y visiones pueden ser influenciados por nuestros deseos o por nuestra angustia.

¿Cómo puede identificar una visión vana? O sea una visión no real. Usted debe saber que su mente traerá el reflejo de lo que desea ver, lo que usted quiere que acontezca. El cuerpo para calmarle producirá una serie de películas imaginarias que se añadirán a sus pensamientos para crear una muralla de paz. El mismo cerebro segrega sustancias que le calmen para mantener su función vital sobre el cuerpo. Ahora bien, ¿cómo identificamos que fue Dios quien nos permitió ver y no nosotros mismos? Tenga claro que en medio de una tormenta se ve borroso, por ende, toda sombra parecerá un fantasma. Sin embargo, mantener la quietud en su adversidad es lo que le hará entender si lo que vive es real, o es imaginario.

Los discípulos en un momento de desespero en medio de una tormenta, no supieron discernir quién venía frente a ellos. Habían pasado meses al lado de Jesús, pero sus emociones, el temor y la falta de paz, le nubló el entendimiento. Esto causó que teniendo una realidad de frente, Jesús, no pudieran percatarse que la solución a su angustia estaba frente a ellos. Vemos que le llamaron fantasma.

Mientras tanto, la barca ya se había alejado bastante de la orilla; navegaba contra el viento y las olas la golpeaban con mucha fuerza. Todavía estaba oscuro cuando Jesús se acercó a la barca. Iba caminando sobre el agua. Los discípulos lo vieron, pero no lo reconocieron. Llenos de miedo, gritaron: —¡Un fantasma! ¡Un fantasma! Enseguida Jesús les dijo: —¡Cálmense! ¡Soy yo! ¡No tengan miedo!
-Mateo 14:24-27 TLA

La ansiedad, el desespero, el temor, las ganas de ganar o de ver bendición, nos pueden llevar a ver algo real de forma distorsionada. Es por esto, que debemos tener en cuenta que cuando Dios nos da una instrucción, orden o dirección procurará que estemos en paz, ya que el bullicio es un detonante que confunde el don que Dios nos entregó, el discernimiento.

El Profeta Elías vivió esto. Bajo una amenaza de muerte se escondió y Dios no le habló hasta que todo se calmó.

Entonces envió Jezabel a Elías un mensajero, diciendo: Así me hagan los dioses, y aun me añadan, si mañana a estas horas yo no he puesto tu persona como la de uno de ellos. Viendo, pues, el peligro, se levantó y se fue para salvar su vida, y vino a Beerseba, que está en Judá, y dejó allí a su criado. Y él se fue por el desierto un día de camino, y vino y se sentó debajo de un enebro; y deseando morirse, dijo: Basta ya, oh Jehová, quítame la vida, pues no soy yo mejor que mis padres. Y echándose debajo del enebro, se quedó dormido; y he aquí luego un ángel le tocó, y le dijo: Levántate, come. Entonces él miró, y he aquí a su cabecera una torta cocida sobre las ascuas, y una vasija de agua; y comió y bebió, y volvió a dormirse. Y volviendo el ángel de Jehová la segunda vez, lo tocó, diciendo: Levántate y come, porque largo camino te resta. Se levantó, pues, y comió y bebió; y fortalecido con aquella comida caminó cuarenta días y cuarenta noches hasta Horeb, el monte de Dios. Y allí se metió en una cueva, donde pasó la noche. Y vino a él palabra de Jehová, el cual le dijo: ¿Qué haces aquí, Elías? Él respondió: He sentido un vivo celo por Jehová Dios de los ejércitos; porque los hijos de Israel han dejado tu pacto, han derribado tus altares, y han matado a espada a tus profetas; y sólo yo he quedado, y me buscan para quitarme la vida. Él le dijo: Sal fuera, y ponte en el monte delante de Jehová. Y he aquí Jehová que pasaba, y un grande y poderoso viento que rompía los montes, y quebraba las peñas delante de Jehová; pero Jehová no estaba en el viento. Y tras el viento un terremoto; pero Jehová no estaba en el terremoto. Y tras el terremoto un fuego; pero Jehová no estaba en el fuego. Y tras el fuego un silbo apacible y delicado. Y cuando lo oyó Elías, cubrió su rostro con su manto, y salió, y se puso a la puerta de la cueva. Y he aquí vino a él una voz, diciendo: ¿Qué haces aquí, Elías?

-1 Reyes 19:2-13

Vemos que Dios no le habló a Elías mientras estaba en el ruido, Dios sabía que sus emociones estaban alteradas. Elías repetía lo mismo por el temor que le ocupaba, "Solo yo he quedado". Dios no necesitaba escuchar esto de su Profeta Elías, porque la verdad era que él no era el único que quedaba.

Y yo haré que queden en Israel siete mil, cuyas rodillas no se doblaron ante Baal, y cuyas bocas no lo besaron.
-1 Reyes 19:18

Entendamos bien, bajo emociones construimos cualquier becerro de oro. Bajo emociones, llamamos ciclón a lo que es una tormenta de viento, llamamos bendición a lo que Dios no nos entregó. Si no tenemos dominio propio de nuestras emociones le diremos ¡Hosanna! Y después pediremos que le asesinen *(Mateo 21:9, Marcos 15:12-14).*

Las emociones son un mar descontrolado que necesitan una voz ardiente que les diga cálmate y este solo es Jesús. Es en estado de paz, que usted puede vivir confiado. La paz refleja confianza y fe en Dios. El salmista sabía del poder de la paz y dijo: *En paz me acostaré, y asimismo dormiré; Porque sólo tú, Jehová, me haces vivir confiado.*
-Salmos 4:8

¿Qué impide que tengamos visiones? Una vida desenfrenada, lejos de Dios y creernos auto suficientes, resolviendo todo por nosotros mismos.

Para usted tener visión, debe estar en reposo, en paz, conectado al Dios todopoderoso, ser portador de fe y ser hijo de Dios. Normalmente no tienen visiones las personas que son ambivalentes y emocionalmente débiles, pues andan buscando en los hombres las direcciones que Dios le entregaría si estuvieran en reposo, o sea descansando en Dios. Amo esta porción de las escrituras que dice:

Estad quietos, y conoced que yo soy Dios; seré exaltado entre las naciones; enaltecido seré en la tierra.
-Salmos 46:10.

Cuando la Biblia nos refiere "estad quietos" no es que estemos sentados sin hacer nada, sin orar, ayunar o leer Biblia, no. Es descansar en su plan, es confiar en Dios, es mantenerse en oración y alabanza esperando lo próximo que Él nos indique.

En una temporada en mi vida, deseé defenderme de mentiras, que los mismos espirituales no pudieron discernir siendo el pueblo de Dios. Sin embargo, mi Padre Celestial me dijo: "No metas tus manos donde yo tengo las mías, los inocentes no tienen que defenderse". Al final me dijo: "Estad quieta". Esto trajo paz a mi vida y enfoque en lo que Él demandaba de mí, comencé a recobrar las fuerzas y las visiones que por tantos vientos estaba perdiendo, la verdad es que el enemigo sólo deseaba desenfocarme. Valoré mucho mis visiones porque ellas trazaban nuevamente hacia donde me dirigiría.

VISIONES QUE NOS HAN COMPARTIDO

VISIÓN- Profeta, vi que usted se encontraba en un lugar con su esposo y de repente vino un fuerte ataque sobre ustedes para hacerlos retroceder y callar. Podía ver personas de su hogar atacarle eran familia lejana. Usted se tomaba fuertemente de las manos de su esposo y al momento de darle la espalda a este ataque y salir de ese lugar, la calle se llenó de personas que comenzaron a revelar cómo usted le había ayudado. Llevaban velas encendidas como señal de que usted fue luz en sus vidas. Comenzaron a salir los testimonios de todo lo que Dios hacía a través de usted. Los que la acusaban comenzaron a callarse y retroceder. Sentían culpa de haberse dejado usar por Satanás para atacar su ministerio, era tanta la gente que usted había ayudado que ellos no se atrevieron a seguir atacándolos ni tampoco a salir de la casa, pues las calles estaban llenas de gente.

Dos meses después así mismo sucedió, los que nos atacaron comenzaron a pedir perdón, aunque la verdad el daño ya había sido hecho y de qué manera. Por otro lado, en las redes sociales comenzaron personas a testificar de nuestro ministerio y allí entendí la visión de esta evangelista. Dios nos permitió ver lo que sucedería antes, para que no nos desenfocáramos y mucho menos nos defendiéramos ya que hacer respuesta al adversario es engrandecerlo. Y el grande solo es Dios.

VISIÓN- Profeta tuve una visión con usted, la vi en un cuarto blanco bello, usted estaba bien vestida. En esta habitación había un viento del Espíritu y era muy fuerte. De repente, el techo se abrió y comenzó a descender un manto, usted daba brincos para tomar ese manto y al final lo agarró. Cuando logró agarrarlo era tan grande que cayó sobre usted. Luego llegó una mujer elegante con un vestido blanco y le dijo: "Porque insististe en tomar el manto, el manto viene sobre ti. Vienen riquezas, viene honra y bendición sobre ti y los tuyos porque insististe en tomarlo".

En ese tiempo llegó a mi vida una alta mujer de Dios a ayudarnos ya que estábamos en una temporada muy difícil y de transición. Estábamos en una temporada de muchos cambios y ciertamente llegó esta mujer vestida tal y como en la visión a traernos ungüento de Dios a nuestra vida. Dios fue tan Bueno que nos habló antes para poderla recibir.

VISIÓN- Una pastora nos compartió: "Estaba en el altar de mi iglesia y sentí que Dios me enviaba a interceder. De repente comencé a ver demonios y uno de ellos se llamaba belcebú. En la visión lo vi regarse sobre la nación de Puerto Rico, me espanté era terrible".

INTERPRETACIÓN- Le dije amada esto es delicado hay que levantar intercesión fuerte, ya que belcebú es el príncipe de los demonios, en el operan demasia dos demonios, viene a destruir la cuidad. Dos meses después esta cuidad se vio en un escándalo terrible nacional donde los mismos de esa nación destruían su cuidad sin darse cuenta de que lo hacían. Llamaban defensa a lo que en verdad era destrucción, todos influenciados por este principado que Dios le había mostrado a esta mujer. Ella oró, pero era un aviso en general y por mala costumbre algunas iglesias no saben trabajar juntas. Es triste, pero muy triste.

VISIÓN- "Estaba acostada y al levantarme vi frente a mi un león hermoso, el más majestuoso que jamás haya visto. Al mirarme este león parecía sonreírme y sentí mucha paz y amor".

INTERPRETACIÓN- No hay mejor experiencia que esta, la hermana que nos relata esta visión, la cual espero pueda leer esto, tuvo la visitación de la presencia del Padre frente a ella revelándole protección y gozo. Usted dirá: ¿Profeta en forma de león? Él es el león de la tribu de Judá.

Y uno de los ancianos me dijo: No llores. He aquí que el León de la tribu de Judá, la raíz de David, ha vencido para abrir el libro y desatar sus siete sellos.
-Apocalipsis 5:5

Dios tiene una multiforme gracia de bendecirnos y revelarse a nuestra vida, de igual forma Él no invalida su palabra, a Dios nadie lo ha visto jamás y quien lo halla intentado no quedó con vida.

A Dios nadie le vio jamás; el unigénito Hijo, que está en el seno del Padre, él le ha dado a conocer.
-Juan 1:18

Algunos en la iglesia piensan que las visiones son un regalo del Antiguo Testamento, algo que Dios utilizó con las personas de aquel tiempo. Sin embargo, sigue siendo el método que Dios utiliza para la nueva generación del Espíritu. Si Dios desea que le adoremos en espíritu y en verdad, ¿cómo usted cree que también nos hablará? A través de su Espíritu.

Deseo dejarle este consejo, compre una libreta específica, téngala cerca de usted a su alcance y anote sus visiones. En tiempo de adversidad, se dará cuenta que Dios le hablará antes del huracán, antes de que en lo natural este sistema atmosférico suceda. Lo primero que se presenta es que se calientan las aguas y luego entonces, se revelan los vientos. Así mismo es Dios, jamás permitirá que pasemos por fuego a menos que nos enseñe la intensidad

No os ha sobrevenido ninguna tentación que no sea humana; pero fiel es Dios, que no os dejará ser tentados más de lo que podéis resistir, sino que dará también juntamente con la tentación la salida, para que podáis soportar.
-1 Corintios 10:13

Nos ama, por eso nos avisa y capacita. ¡Fiel es Dios!

Capítulo 3

¿QUÉ SON PESADILLAS?

Las pesadillas son sueños nocturnos inquietantes. Son retratos de temor y ansiedad que pueden ser ocasionados por malos pensamientos. Estos pueden ser provocados por haber visto imágenes negativas o estar pasando por momentos fuertes de tribulación antes de acostarnos a dormir.

Las pesadillas también son recurrentes en personas que luchan con un espíritu de temor, este espíritu es uno de los más silenciosos, pero peligroso. Normalmente las personas bajo ansiedad y con bajo nivel de fe tienen muy a menudo estados de inquietud cuando están en reposo, o sea durmiendo. Esto es tan real, que vemos que en el libro Job, en medio de su proceso el pudo identificar que estaba pasando por ese periodo. Observe como lo registra la escritura en *Job 4:12-14: El asunto también me era a mí oculto; mas mi oído ha percibido algo de ello. En imaginaciones de visiones nocturnas, cuando el sueño cae sobre los hombres, me sobrevino un espanto y un temblor, que estremeció todos mis huesos.*

Los rectos también pueden tener pesadillas. Las pesadillas son todo lo contrario al sueño, aunque se va a la cama en la misma conciencia, o sea, a dormir y descansar, el cuerpo reflejará lo más que le dominó en el día o lo que está en su mente. Las pesadillas a su vez son el estado de inquietud, muchas veces son el resultado de haber comido mal antes de ir a dormir. Esta es una de las mayores causas de pesadillas en el caso natural.

La mente es el lugar más atacado por el mundo espiritual y donde ocurren altos niveles de batalla. Es la mente la que comanda las emociones y decisiones que luego son ejecutadas.

Normalmente, la gente que tiene frecuentemente pesadillas son personas muy bajas en la oración, tienen falta de perdón o resentimientos. Dependen de ellas mismas y no de Dios, son orgullosos y altivos, su cuerpo genera toxinas muy negativas constantemente y tienen muchas quejas y dolor. Se enferman frecuentemente de dolores de espalda, cabeza y sistema nervioso. Todo este acumulo de carga excesiva va con ellos a la cama activando una negatividad que produce pensamientos adversos llamados pesadillas, esto impide que Dios pueda ministrarle mientras duerme. Jesús nunca ha deseado que sus hijos vivan con de falta de paz, al contrario, Él nos dijo esto: *Tomad mi yugo sobre vosotros y aprended de mí, que soy manso y humilde de corazón, y hallareis descanso para vuestras almas. Porque mi yugo es fácil y mi carga ligera.*
                                                            -Mateo 11:29-30

Otra palabra para pesadilla, según el Diccionario Enciclopédico Bíblico Ilustrado, es perturbar. En hebreo *"paám"* significa perturbar, afligir, quebrantar, quitar, agitar, turbar. Todo relacionado a quitar la paz a nuestro espíritu o aliento de vida. No descansar en Dios produce perturbación, y una mente perturbada no puede tomar buenas decisiones. En muchas ocasiones esta perturbación hace que las personas acudan a otras para recibir ayuda no importando si estas personas están preparadas. Veamos lo que sucedió en el libro de Daniel.

En el segundo año del reinado de Nabucodonosor, tuvo Nabucodonosor sueños, y se perturbó su espíritu, y se le fue el sueño. Hizo llamar el rey a magos, astrólogos, encantadores y caldeos, para que le explicasen sus sueños. Vinieron, pues, y se presentaron delante del rey. Y el rey les dijo: He tenido un sueño, y mi espíritu se ha turbado por saber el sueño.
-Daniel 2:1-3

Observe como dice: Nabucodonosor se perturbó por el sueño que tuvo. Él había tenido una pesadilla que Dios había permitido, sí amado lector, Dios también perturba a los que oprimen a sus hijos y les hace ver su destino. Dios restaura, pero también hiere de muerte. Miremos las escrituras: *Y aconteció que a la medianoche Jehová hirió a todo primogénito en la tierra de Egipto, desde el primogénito de Faraón que se sentaba sobre su trono hasta el primogénito del cautivo que estaba en la cárcel, y todo primogénito de los animales.*
-Éxodo 12:29

Al momento un ángel del Señor le hirió, por cuanto no dio la gloria a Dios; y expiró comido de gusanos.
-Hechos 12:23

Si hay un punto importante que debemos ver y tener claro, es que si nosotros no dependemos de Dios, de alguien dependeremos. La palabra dependencia connota estar subordinado a una persona o cosa, quiere decir ser esclavo de eso. Esta persona o cosa se hace vital y necesaria al punto de no poder avanzar a menos que esa persona o cosa esté en su vida y cerca. Por eso vemos lo difícil que le resulta ser libre a un usuario de sustancias controladas pues el codependiente necesita estar fuertemente unido a aquello que entiende que le da estabilidad y supuesta paz.

Ahora bien, necesitamos saber que nuestra dependencia absoluta debe estar en Dios, debe ser solo en Él. Nadie podrá sostenere más que Él, nuestro creador. Cuando aprendemos que Él cuida de todo, nosotros podremos ir a descansar y entender que no se duerme el que nos guarda.

No dará tu pie al resbaladero, Ni se dormirá el que te guarda.
-Salmos 121:3

El tiene cuidado de todos nosotros y nuestra provisión viene de Él.

Mirad las aves del cielo, que no siembran, ni siegan, ni recogen en graneros; y vuestro Padre celestial las alimenta. ¿No valéis vosotros mucho más que ellas? ¿Y quién de vosotros podrá, por mucho que se afane, añadir a su estatura un codo? Y por el vestido, ¿por qué os afanáis? Considerad los lirios del campo, cómo crecen: no trabajan ni hilan.

-Mateo 6:26-28

Cuando vaya a descansar y se sienta afligido, haga memoria de esto: Aunque usted y yo necesitamos descansar por nuestra condición humana, Él no, Él es Espíritu y todopoderoso. Reconcilie su relación con Él y no olvide que cuando caminamos lejos de su presencia, perdemos nuestro destino y propósito, antes que usted se incline, Él estará sentado a su lado. Dios está totalmente disponible para sus hijos. Jesús rompió el velo que nos separaba, lo rasgó para que tengamos acceso.

Repita esta oración conmigo: Señor Jesús, te entrego mi vida, te entrego mi mente. Líbrame de cualquier ataque nocturno aun de mis propias memorias que no estén alineadas a ti. Te ruego que no sueltes mi vida y que yo jamás me aparte de tu presencia. Declaro que tengo la mente de Cristo. Te ruego Dios que tu mano de poder sea conmigo y yo duerma en paz y libre de todo temor o asecho del adversario. Me cubro con la sangre poderosa de Jesús. Amén.

Capítulo 4

En las siestas, ¿Él se hace presente?

Muchas personas se preocupan porque no tienen sueños o no los tienen con frecuencia. Algunos ignoran que en sus tiempos de descanso (siestas en el día) también la actividad espiritual es alta. El mundo espiritual se manifiesta muy real en el día y durante las siestas. De igual forma, la actividad demoniaca es fuerte en las siestas. ¡Créame! Su cuerpo entra en descaso para tomar energía, pero su espíritu recorre su alrededor. Si hay algo a lo que presto atención es a las visiones y sueños dentro de las siestas. Usted inclusive, puede pasar por parálisis dentro de las siestas, usted me preguntará ¿parálisis? Sí, parálisis. Estas vienen a revelarle poderosamente la presencia de Dios en su vida o la del adversario. Deseo compartir con usted una de las experiencias que me toco vivir.

Recuerdo que antes de comenzar el ministerio, luego de salir de mi trabajo tomaba una siesta. Ese día en particular al subir a mi habitación sentí algo extraño en la atmósfera, pero igual estaba cansada y me recosté como de costumbre. No habían pasado 15 minutos cuando sentí una parálisis en mi cuerpo. Mis ojos se abrieron y podía sentir todo, pero no me podía mover ni hablar. De repente traté de tomar el teléfono, estaba muy asustada pero mi cuerpo no respondía. En ese momento pude ver en el techo de mi habitación una araña gigante, esto me estremeció más pues la cara de esta araña era de una persona conocida y muy cercana. Esta araña cayó sobre mí y trató de estrangularme con dos de sus patas. Sé que lo que lee parece fuerte o exagerado, pero es la realidad y escribo bajo la presencia de mi Dios. Al momento que esta araña comenzó a asfixiarme, sentí muy fuerte dentro de mí, una voz que me decía: "Aplica la Sangre de Jesús, cúbrete con la Sangre".

En ese momento dentro de lo que podía y haciendo un gran esfuerzo para abrir mi boca, pues no me salían las palabras, dije: La Sangre de Jesús tiene poder. De repente, mi celular comenzó a sonar, pero aún no podía tomarlo. Grité fuerte la sangre de Cristo es sobre mí y pude ver como la araña desapareció. Me levanté muy sudada, nerviosa y débil. Tomé el celular y para mi sorpresa era la que en ese tiempo fuera mi pastora. Al contestar me dijo: "Rita estaba en la cocina y Dios me dijo: "intercede por Rita la están atacando". Desde ese momento te estaba llamando, pero no me contestabas"; quedé aún más sorprendida. Le conté lo que me había pasado y me dijo: "Te entiendo, lo he vivido".

Esta mujer, un gran Profeta, me dijo: "Rita, el mundo espiritual se te hará muy real. Y por esa razón también vendrá odio hacia ti, acusaciones, y peor aún, más de estos episodios, pero sobre todos ellos Dios te ha dado autoridad". Cuando ella terminó la llamada estaba más aturdida, e inmediatamente le pregunté al Señor, pues no estaba en paz. ¿Por qué me pasó esto? ¿Señor en qué te fallé? Es la humanidad en nosotros la primera que reacciona en cosas como estas. El Señor me dijo: "Hija no has fallado, te acabo de revelar que viene una traición de alta escala. Una trampa se maquinó en tu contra a través de esta persona. Viene para matarte espiritualmente y te estoy avisando para que no decaigas, para que no te derrumbes, pero sobretodo acabo de enseñarte como te cubrirás de ahora en adelante".

Amados no pasó un mes de aquella experiencia cuando llegó el episodio que Dios me había revelado y exactamente como me lo había mostrado. Todo lo sucedido vino para paralizarme, callarme y asfixiarme, exactamente como me lo había mostrado. ¡Su majestuosa sangre me cubrió y me cubre aún!

Conozco muchos hermanos de la fe, que en sus siestas han tenido altos encuentros con dimensiones espirituales, sin embargo, se les hace difícil hablar con alguien, porque no todos comprenden estas experiencias. Las personas que no han tenido este tipo de experiencias las niegan. Siempre recalco, que no porque no hayamos vivido algo, nos da el derecho de negarlo.

Esto hace que muchos hermanos de la fe y nuevos creyentes abandonen el evangelio porque no tienen quién les ayude o le explique algo que es tan real como respirar. Es por esta razón, que cuando vienen a mí les atiendo con amor, paciencia y pido a Dios todo discernimiento e interpretación en Él, para asistir a mis hermanos. En mi caso tuve la bendición de tener quien me ayudara y asistiera, pero reconozco que no todos tienen esta maravillosa oportunidad.

A continuación, presento varios ejemplos bíblicos de siestas:

Te duermes un poco, te tomas la siesta, tomas un descansito y te cruzas de brazos.
-Proverbios 6:10 TLA

En este versículo, la palabra siesta se utiliza para referirse a descansar y no quedarse dormido mucho tiempo en contexto espiritual, nos está diciendo que no nos quedemos a soñar, sino que nos levantemos a realizar ese sueño.

Las siestas aparecen en las escrituras con diferentes situaciones para llevarnos al mismo fin, la voluntad de Dios es que estemos alertas a las diversas formas que Él utiliza para hablarnos.

Por otra parte, debemos tener presente que cuando el enemigo está operando en una vida se puede manifestar de diferentes formas. Hay personas que tienen sueños de sus cuerpos sucios, algunos en actos sexuales, aguas inmundas, inundaciones y otros siendo perseguidos por animales feroces. De este tema estaremos hablando más adelante.

Como mencioné al principio de este capítulo, la parálisis también viene para revelarle la presencia de Dios en su vida. En mi primer libro *"De La Nada En Su Presencia"* relato con más detalles otra experiencia de parálisis que viví, pero esta vez cuando fui visitada de madrugada en mi habitación por la persona del Espíritu Santo. Al tocarme, quedé paralizada bajo un fuerte choque de electricidad, muy fuerte. Nunca podré explicar esto y no creo que sea muy entendible a menos que usted mismo lo viva.

Hay dos tipos de parálisis: Las de Espíritu y las de las tinieblas. Si está lleno del Espíritu, el cielo le hablará, de lo contrario conocerá el fuego adverso según el acceso que le halla dado al enemigo. ¡Espero que gane el Espíritu en usted!

Valore el tiempo que toma para descasar. Dios no necesita descanso, el ser humano sí. Cuando no estamos alineados en el espíritu para escucharlo el prepara nuestros cuerpos para hablarnos a través de los sueños y las visiones.

Oíd ahora mis palabras: si entre vosotros hay Profeta, yo, el Señor, me manifestaré a él en visión. Hablaré con él en sueños.
-Números 12:6 LBLA

Capítulo 5

¿Puedo tener sueños y visiones a la vez?

Dios, nos habló a través del Profeta Joel diciendo que en este último tiempo se derramaría de su Espíritu sobre toda carne.

Y después de esto derramaré mi Espíritu sobre toda carne, y profetizarán vuestros hijos y vuestras hijas; vuestros ancianos soñarán sueños, y vuestros jóvenes verán visiones. Y también sobre los siervos y sobre las siervas derramaré mi Espíritu en aquellos días.
-Joel 2:28-29

Además, nos mencionó lo qué estaría sucediendo mas allá del mover profético. Nos dijo que la jerarquía mayor tendría sueños y que la menor tendría visiones. La palabra nos revela claro, que Dios incrementaría esto en el último tiempo. Hace mucho sentido ya que los hijos de Dios quieren solo escuchar a los hijos de los hombres y no tener intimidad directa con Dios.

En los libros de Daniel y Ezequiel podemos ver ejemplos de personas que tuvieron sueños y visiones a la vez. Vemos la experiencia del rey Nabucodonosor en el capítulo 2 del libro de Daniel.

Pero hay un Dios en los cielos, el cual revela los misterios, y él ha hecho saber al rey Nabucodonosor lo que ha de acontecer en los postreros días. He aquí tu sueño, y las visiones que has tenido en tu cama.
-Daniel 2:28

Podemos ver claramente como sí, es posible tener sueños y visiones a la vez. No podemos decir que los sueños son superiores a las visiones ya que son dos ámbitos que vienen para el mismo fin, ver a Dios comunicándose con nosotros. Las visiones que Dios nos entrega son tan importantes que de ellas depende lo que podremos lograr y profetizar en Él. Un ejemplo de esto lo encontramos en el libro de Ezequiel.

La mano de Jehová vino sobre mí, y me llevó en el Espíritu de Jehová, y me puso en medio de un valle que estaba lleno de huesos. Y me hizo pasar cerca de ellos por todo en derredor; y he aquí que eran muchísimos sobre la faz del campo, y por cierto secos en gran manera. Y me dijo: Hijo de hombre, ¿vivirán estos huesos? Y dije: Señor Jehová, tú lo sabes. Me dijo entonces: Profetiza sobre estos huesos, y diles: Huesos secos, oíd palabra de Jehová. Así ha dicho Jehová el Señor a estos huesos: He aquí, yo hago entrar espíritu en vosotros, y viviréis. Y pondré tendones sobre vosotros, y haré subir sobre vosotros carne, y os cubriré de piel, y pondré en vosotros espíritu, y viviréis; y sabréis que yo soy Jehová. Profeticé, pues, como me fue mandado; y hubo un ruido mientras yo profetizaba, y he aquí un temblor; y los huesos se juntaron cada hueso con su hueso. Y miré, y he aquí tendones sobre ellos, y la carne subió, y la piel cubrió por encima de ellos; pero no había en ellos espíritu. Y me dijo: Profetiza al espíritu, profetiza, hijo de hombre, y di al espíritu: Así ha dicho Jehová el Señor: Espíritu, ven de los cuatro vientos, y sopla sobre estos muertos, y vivirán. Y profeticé como me había mandado, y entró espíritu en ellos, y vivieron, y estuvieron sobre sus pies; un ejército grande en extremo. Me dijo luego: Hijo de hombre, todos estos huesos son la casa de Israel. He aquí, ellos dicen: Nuestros huesos se secaron, y pereció nuestra esperanza, y somos del todo destruidos. Por tanto, profetiza, y diles: Así ha dicho Jehová el Señor: He aquí yo abro vuestros sepulcros, pueblo mío, y os haré subir de vuestras sepulturas, y os traeré a la tierra de Israel. Y sabréis que yo soy Jehová, cuando abra vuestros sepulcros, y os saque de vuestras sepulturas, pueblo mío. Y pondré mi Espíritu en vosotros, y viviréis, y os haré reposar sobre vuestra tierra; y sabréis que yo Jehová hablé, y lo hice, dice Jehová.

-Ezequiel 37:1-14

Jehová le preguntó al Profeta ¿qué ves? ¿Sabe por qué a veces Dios nos hace estas preguntas? Porque lo que usted logra ver puede alcanzarlo con la ayuda de Dios. Por supuesto, lo que veía Ezequiel era un valle de huesos secos, estos representaban la condición de opresión que vivía el pueblo. Sin embargo, Dios lo libertaría volviéndolo a su origen natural. No hay quien pueda humanamente hacer esto sino Dios, nuestro todopoderoso. Dios es quien da la sabiduría y conocimiento para poder fluir en la interpretación de sueños y visiones. Daniel reconocía esto y su libro lo expresa de la siguiente forma:

A estos cuatro muchachos Dios les dio conocimiento e inteligencia en todas las letras y ciencias; y Daniel tuvo entendimiento en toda visión y sueños.
-Daniel 1:17

También nos hace conocer que:

Él revela lo profundo y lo escondido; conoce lo que está en tinieblas, y con él mora la luz.
-Daniel 2:22

Nadie humanamente puede adjudicarse la interpretación de sueños y visiones, porque todo esto es revelación futura y el único que habita la eternidad y lo conoce todo, es nuestro Padre Celestial.

Porque así dijo el Alto y Sublime, el que habita la eternidad, y cuyo nombre es el Santo: Yo habito en la altura y la santidad, y con el quebrantado y humilde de espíritu, para hacer vivir el espíritu de los humildes, y para vivificar el corazón de los quebrantados.
-Isaías 57:15

Sabiendo esto, debemos estar claros que es posible tener sueños y visiones a la vez, en un mismo día o una misma noche de sueño intenso, es el Espíritu de Dios quien da los dones, nos otorga más de uno, o los que Él desee, como Él desee y a quien Él desee. Ahora bien, hay diversidad de dones, pero el Espíritu es el mismo.

Y hay diversidad de ministerios, pero el Señor es el mismo. Y hay diversidad de operaciones, pero Dios, que hace todas las cosas en todos, es el mismo. Pero a cada uno le es dada la manifestación del Espíritu para provecho. Porque a éste es dada por el Espíritu palabra de sabiduría; a otro, palabra de ciencia según el mismo Espíritu; a otro, fe por el mismo Espíritu; y a otro, dones de sanidades por el mismo Espíritu. A otro, el hacer milagros; a otro, profecía; a otro, discernimiento de espíritus; a otro, diversos géneros de lenguas; y a otro, interpretación de lenguas. Pero todas estas cosas las hace uno y el mismo Espíritu, repartiendo a cada uno en particular como él quiere.
-1 de Corintios 12:4-11

Por otro lado, sí puede haber personas que salgan de su cuerpo mientras duermen. *Conozco a un hombre en Cristo, que hace catorce años (si en el cuerpo, no lo sé; si fuera del cuerpo, no lo sé; Dios lo sabe) fue arrebatado hasta el tercer cielo.*

-2 Corintios 12:2

Otros viajan en el Espíritu. *Cuando subieron del agua, el Espíritu del Señor arrebató a Felipe; y el eunuco no le vio más, y siguió gozoso su camino. Pero Felipe se*

encontró en Azoto; y pasando, anunciaba el evangelio en todas las ciudades, hasta que llegó a Cesarea.
-Hechos 8:39-40

Acontecerá que luego que yo me haya ido, el Espíritu de Jehová te llevará adonde yo no sepa, y al venir yo y dar las nuevas a Acab, al no hallarte él, me matará; y tu siervo teme a Jehová desde su juventud.
-1 Reyes 18:12

Muchas personas dudan que esto pueda suceder. Esto es lamentable, pues aquello que usted no cree jamás se le podrá acercar. Si no cree en Jesús no lo podrá tener como Rey, si no cree en los Profetas no podrá disfrutar de las profecías, si no cree en los pastores no tendrá quién le guíe en la tierra, si no cree en lo sobrenatural de Dios jamás experimentará el cielo estando en la tierra.

Hace años, tuve una experiencia fuerte que he contado antes, pero para beneficio de quien no la ha leído, deseo hacerle partícipe. Una noche al terminar de orar, como de costumbre, me fui directo a la cama. Eran como las tres de la madrugada cuando de repente sentí que flotaba. Al mirar desde el aire, vi que había salido de mi cuerpo; podía verlo en la cama. En aquel momento vivía en la hermosa isla del cordero, Puerto Rico. Vi cómo mi espíritu salió de la isla y se movía hacia Europa, de repente mi cuerpo quedó en el aire justo encima de ese País, y le pregunté al Señor ¿qué hago en esta nación? Pero no me contestó.

Acto seguido, de repente vi levantarse de toda esta tierra una mujer muy grande, cien veces mas grande que yo. Ella salía de esta nación y arropaba todo el país de Europa. Esta mujer se paró frente a mí en el aire y era tan grande que a penas podía verla, sentí un fuerte odio por mí y ganas de destruirme. En ese momento me asusté y le pregunté al Señor ¿Quién es ella? Dios me dijo: "Este es el principado de Jezabel, te puse frente a ella, no temas". Este espíritu inmenso, manifestado en esa noche en cuerpo de mujer, tenía una bata muy trasparente y seductora. Regresé a mi cama, y me levanté muy aturdida preguntándome, ¿qué sería lo que Dios me estaba hablando o para qué me estaba preparando? Dos meses después, comencé a dar talleres privados en las iglesias de como operaba este principado a través de la danza y la adoración.

Muchos creen que este espíritu solo ataca en el área sexual, sin embargo, su blanco es la adoración. Le gusta que la mencionen, ya que esto la exalta, le da idolatría y la mantiene viva; contrario a lo que muchos creen, esto no terminó al ser devorada por los perros, precisamente quedaron sus manos, que revelan las obras y maquinaciones de este principado, sus pies, que

tipifican el avance y el mover de este espíritu y la cabeza, que tipifica la autoridad y jerarquía de aquellos que son influenciados por dicho espíritu.

Y Jehú les ordenó: ¡Arrójenla de allí! Así lo hicieron, y su sangre salpicó la pared y a los caballos que la pisotearon. Luego Jehú se sentó a comer y beber, y dio esta orden: Ocúpense de esa maldita mujer; denle sepultura, pues era hija de un rey. Pero, cuando fueron a enterrarla, no encontraron más que el cráneo, los pies y las manos.
-2 Reyes 9: 33-35

El desconocimiento del mundo espiritual nos coloca en desventaja. Usted y yo jamás venceremos si no sabemos contra quién debemos resistir y mantener la línea. Este principado visita mucho en sueños a través de espíritus de lujuria, masturbación, suicidio, homosexualismo, lesbianismo, violación e inmoralidad sexual, pero sobre todo, la idolatría; es por esta vía que se alimenta. Por ello, debemos estar conectados a Dios, haber aceptado a Jesús como nuestro Salvador y seguir la guía del Espíritu Santo, para mantenernos lejos de estos espíritus. De esta forma, podremos discernir cuando Dios nos muestre en sueños y visiones su voluntad.

Valore la presencia de Dios en sus sueños, visiones y todo tipo de manifestación de su Espíritu. Ignorarlo o pensar que son ideas suyas es tan peligroso como vivir sin oración. El envía sus ángeles alrededor de nosotros *(Salmos 91:11)*, pero, jamás será mayor la presencia de los ángeles, que la presencia de su Espíritu Santo. Mejor es tenerlo a Él. Procure siempre la presencia de Dios, esta le acercará a todo lo que es de Él. ¡Amén!

Capítulo 6

SUEÑOS CON MEDIOS DE TRANSPORTACIÓN

No siempre podemos adjudicar sueños de carros, aviones, barcos, carretas, bicicletas, patines, o calzados deportivos para correr, con la adquisición de ellos o que exactamente iremos a comprar o recibir alguno de ellos. Cuando Dios comenzó a darme el honor y regalo de poder interpretar sueños, tuve muchas luchas para aceptarlo. Tenía mucho temor a cometer algún error pues reconocía lo delicado de esto. Sin embargo, pude ver que los sueños que interpretaba sucedían, tal como Él me los revelaba, en ese momento valoré mucho que Él se fijara en mí para esto que es tan ignorado, pero tan real y que en este último tiempo ha incrementado por causa de su venida.

Comenzaremos a definir e interpretar varios sueños de ministros, amigos y personas que me permitieron contar sus sueños en este libro, con el único fin de edificar a otros. Estos sueños se cumplieron en su totalidad, luego que Dios y ¡solo Dios! me ayudara, reconozco que sin su intervención nada podría hacer. A continuación, mostraremos varios medios de trasporte y su más cercano significado. Cada sueño, puede variar de acuerdo con lo que Dios desea revelar individualmente.

SOÑAR CON AVIONES Y CARROS

Los sueños de aviones y carros, normalmente revelan ministerio. Cuando se tienen estos sueños frecuentes, Dios nos está revelando formación ministerial o entrega de este a nuestra vida o alguien cercano. Me explico, los aviones nos llevan a otros lugares, naciones o destinos, los carros también por vía terrestre. Los aviones representan entrada a las naciones y los carros ministerio local. Por esto, vemos que aquello que dividió a Elías de Eliseo fue un carruaje, suspendido en el aire, pero diseñado para estar en la tierra. Se estaba validando la entrega de la doble porción a Eliseo. Carruaje en el aire que se movería en la tierra, doble porción.

Iban caminando y conversando cuando, de pronto, los separó un carro de fuego con caballos de fuego, y Elías subió al cielo en medio de un torbellino. Eliseo, viendo lo que pasaba, se puso a gritar: "¡Padre mío, padre mío, carro y fuerza conductora de Israel!", Pero no volvió a verlo.

-2 Reyes 2:11

Como usted entenderá, Elías fue llevado en un torbellino el cual representa acción sobrenatural de Dios en los aires, no en el carro de fuego. ¿Por qué? Porque el tiempo de Elías había terminado y comenzaba el de Eliseo, el carro vino a dividir al que se iba del que se quedaba. Aquí tenemos una clara representación de Dios mostrando lo que tipificaba cada elemento. Usted dirá, pero esto no fue un sueño, ¡no!, no lo fue, pero sí mostraba lo que para Dios era un carruaje, y como Él, entre el torbellino y el carruaje, revelaba el ministerio que quedaba en la tierra.

SOÑAR CON ADQUIRIR UN AVIÓN

Cuando soñamos que vamos a adquirir un avión, esto podría reflejar un nuevo ministerio o empresa. Dios está revelando lo que entregará. Normalmente esto refleja que dicha entrega tiene que ver con naciones.

Hace dos años un colega Profeta, nos llamó muy preocupado porque se veía adquiriendo dos aviones en dos ciudades distintas, pero al pilotearlos le causó mucho temor. Él me dijo: "Profeta usted siempre me ha ayudado a identificar mis sueños, sentí temor al tomar estos aviones, que hago". Le dije: primero ore a Dios para que le regrese la paz, pero acá Dios le está revelando de dos ministerios poderosos que saldrán de usted a dos diferentes ciudades. El temor no es malo en este caso, lo que revela es que no es experto en tener dos obras o ministerios distantes y a su cargo, es normal el temor de sentir que humanamente no podrá, de hecho, así es. El día que sienta que lo puede lograr solo, será el día en que aborte el propósito y la dependencia de Dios e indudablemente fracasará. Seis meses después Dios le entregó a este hombre dos terrenos, uno en República Dominicana y otro en Cuba, donde levantó dos iglesias poderosas y un ministerio de amor. Al inicio estaba asustado, pero luego que dependió de Dios todo marchó y aún marcha poderosamente.

SOÑAR CON MONTARSE EN UN AVIÓN

Esto nos refiere que podemos estar a punto de activarnos al ministerio o unción ministerial que veremos en marcha de inmediato.

SOÑAR CON UN AVIÓN QUE NO DESPEGA

Revela que ya está en marcha este nuevo proyecto, empresa, ministerio, pero que se ha detenido por algún tipo de inconveniente natural.

Hay varios medios que la Biblia nos relata como medios de transportación ministerial, no solo carros, como en el caso de Elías mencionado anteriormente, sino también una escalera como en el relato de Jacob.

LA ESCALERA QUE VIO JACOB

Medio de trasporte para ver la actividad angelical subiendo y bajando del cielo, mientras él dormía.

Jacob partió de Berseba y se encaminó hacia Jarán. Cuando llegó a cierto lugar, se detuvo para pasar la noche, porque ya estaba anocheciendo. Tomó una piedra, la usó como almohada, y se acostó a dormir en ese lugar. Allí soñó que había una escalinata apoyada en la tierra, y cuyo extremo superior llegaba hasta el cielo. Por ella subían y bajaban los ángeles de Dios. En el sueño, el Señor estaba de pie junto a él y le decía: "Yo soy el Señor, el Dios de tu abuelo Abraham y de tu padre Isaac. A ti y a tu descendencia les daré la tierra sobre la que estás acostado. Tu descendencia será tan numerosa como el polvo de la tierra. Te extenderás de norte a sur, y de oriente a occidente, y todas las familias de la tierra serán bendecidas por medio de ti y de tu descendencia. Yo estoy contigo. Te protegeré por dondequiera que vayas, y te traeré de vuelta a esta tierra. No te abandonaré hasta cumplir con todo lo que te he prometido" Al despertar Jacob de su sueño, pensó: En realidad, el Señor está en este lugar, y yo no me había dado cuenta. Y con mucho temor, añadió: ¡Qué asombroso es este lugar! Es nada menos que la casa de Dios; ¡es la puerta del cielo! A la mañana siguiente Jacob se levantó

temprano, tomó la piedra que había usado como almohada, la erigió como una estela y derramó aceite sobre ella. En aquel lugar había una ciudad que se llamaba Luz, pero Jacob le cambió el nombre y le puso Betel.
-Génesis 28:10-19

SOÑAR CON BARCOS

Los sueños con barcos hablan de provisión.

BARCOS ESTANCADOS O ENCALLADOS

Revelan que se ha detenido alguna provisión. Si es en su hogar específicamente, habla de escasez ya que se encallan en tierra o islotes normalmente.

BARCOS EN AVANCE

Provisión en camino y en gran abundancia.

BARCOS QUE LLEGAN A SU DESTINO

Bendición que ya fue desatada y nada impedirá que llegue, aunque la vea tardar.

Quiero mostrarte, cómo aun cuando no ves la provisión Dios la desató, nos hace falta que oremos para que el enemigo no la paralice.

Entonces me dijo: No tengas miedo, Daniel. Tu petición fue escuchada desde el primer día en que te propusiste ganar entendimiento y humillarte ante tu Dios. En respuesta a ella estoy aquí. Durante veintiún días el príncipe de Persia se me opuso, así que acudió en mi ayuda Miguel, uno de los príncipes de primer rango. Y me quedé allí, con los reyes de Persia.
-Daniel 10:12-13

La petición de Daniel ya había sido contestada.

SOÑAR CON CORRER BICICLETAS

Nos habla de metas que debemos alcanzar con mayor esfuerzo, ya que usted debe hacer que la bicicleta avance. La bicicleta sin usted no correrá.

SOÑAR QUE LE ROBAN LA BICICLETA

Usted se estará enfrentando a alguien cercano, que le estará tratando de robar sus sueños e ideas. Puede ser a nivel empresarial o ministerial, debe estar muy atento a quién revela sus planes en Dios.

SOÑAR CON "TENNIS" / CALZADO DEPORTIVO

Cuando sueña que se está poniendo este calzado se está revelando que se dispone a prepararse para llegar a la meta trazada y que está en condición de lograrlo.

SOÑAR CON CARRETAS

Trabajo excesivo que no debe llevar ya que la carreta la carga usted. En este tipo de sueño debe estar en comunión con Dios para que le ayude a sobrellevar el peso que carga, ya sea del hogar, ministerial o del trabajo.

SOÑAR CON PATINES

Soñar que está corriendo patines, revela agilidad y eficiencia, fuerza propia para llegar sin cansarse.

SOÑAR CON UN HELICÓPTERO

Que usted vuela el helicóptero es verse manejando situaciones laborales locales, que puede hacer correr y resolver sin ningún conflicto.

MEDIOS DE TRANSPORTACIÓN DESTRUIDOS POR AGUA

Fin de ministerio empresa o reinado. Alerta de ataque a estas áreas.

Deseo mostrarle en la Biblia esto, aunque se vivió fuera del sueño, marcó el fin a un reinado y gobierno injusto del faraón y sus jinetes ahogados.

El Señor arrojó al mar los carros y el ejército del faraón. Los mejores oficiales egipcios se ahogaron en el Mar Rojo. Las aguas profundas se los tragaron; ¡como piedras se hundieron en los abismos!
-Éxodo 15:4-5

Debemos tomar cada sueño con medios de transportación muy en serio y rogarle a Dios por su interpretación ya que Dios puede estar preparándonos para recibir cierta impartición de su parte y por amor.

Capítulo 7

CUANDO LOS SUEÑOS Y LAS VISIONES NO PROVIENEN DE DIOS

El libro de *Eclesiastés 5:3*, nos advierte esto:

Porque de la mucha ocupación viene el sueño, y de la multitud de las palabras la voz del necio.

-Eclesiastés 5:3

Los sueños son importantes, pero también es importante identificar si estos provienen de Dios. Nuestra mente, también recrea imágenes irreales que tienden a confundirnos y hacernos desviar para tomar una vía contaría a la voluntad de Dios, por eso debemos tener claro cuándo es Dios, y cuando es nuestra mente; agotamiento, preocupación, ansiedad o falta de descanso. Tal vez, usted dirá no debo preocuparme sino es de Dios el sueño; no importa. Déjeme corregirle, ¡sí importa!, Porque cuando el enemigo desea desviarle o dañarle, también tratará de tirar dardos a su mente y usted debe estar alerta. Le mostraré estos dos ejemplos de sueños.

Un pastor de Jóvenes de una congregación en Puerto Rico, estaba conociendo a una joven de otra congregación. Él, un joven de fuego íntegro había vivido toda su vida en el evangelio, ella llevaba muy pocos meses de convertida, sin embargo, era tan apuesta que la comenzaron a enlazar con él. Cuando pasaron dos meses de conocerse él tomó la decisión de comprometerse con ella. La realidad es que al enterarme me estremecí y dije: Dios háblale. Ella es hermosa, pero no está lista para lo que tu has delegado en este joven. Todo estaba en marcha para la boda, pero al cabo de seis meses el joven tuvo un sueño el cual le contó a un pastor que teníamos de amigo en común. Fue este amigo quien le dijo: "Deberías contarle esto a la Profeta Rita, cuando no entiendo mis sueños la llamo y es de gran ayuda". El joven y el pastor tomaron la decisión de reunirse conmigo juntos. Al comenzar la conversación el joven me dijo: "Profeta tuve un sueño, no le doy validez, pero se lo cuento porque el pastor me lo sugiere, pero se que no tiene que ver con nada de mi boda".

Quiero hacer un paréntesis, las personas creen que soñar con una boda es porque se le está avisando de la misma o porque pronto vendrá una relación, y no es así. El 90% de los sueños con boda reflejan el mundo espiritual detrás de nosotros con intención de influenciarnos para mal.

El joven continuó: "Soñé que me mudé a una casa, la adorné, la amueblé y de repente me vi solo. Nunca llegó mi esposa y de momento me vi débil, seco y enfermo. Comencé a llorar, en el sueño mi casa estaba bella, pero jamás me sentí pleno en ella. Al final, terminé en la calle sentado y con ropas sucias". Luego de escucharlo, no sabía como decirle a este joven la gran alerta que Dios le presentaba. Recuerde que comenzó a contarme el sueño en negación, pero nuestro amigo en común sabía que algo no estaba bien. Así que le pregunté ¿qué deseas escuchar? Me dijo: "Bueno la verdad", le dije: No debes casarte, esta mujer no está lista para tu ministerio. El que arregles la casa y ella no llegue revela que no estará comprometida como lo estas tú en la obra. Si te casas terminarás apartado de Dios, es por esta razón que te viste en la calle en el sueño. "Discúlpeme profeta", me dijo él, "no recibo eso". Me sonreí y le dije: Estoy acostumbrada a que me digan que no reciben las interpretaciones, hasta que lo viven y vuelven a llamarme. Por esto, el lema dentro de mi oficina como Profeta es basado en *Gálatas 1:10*:

¿*Qué busco con esto: ganarme la aprobación humana o la de Dios? ¿Piensan que procuro agradar a los demás? Si yo buscara agradar a otros, no sería siervo de Cristo.*

Esto me ayuda a guardar el corazón. Él se incomodó con mi contestación y se retiró; en ese momento miré a nuestro amigo y le dije: ¿Para qué me traes a personas así? Las personas están tan acostumbradas a la hipocresía y el engaño que la verdad le sabe a veneno. Él sonrió y me dijo: "Porque eres como eres, vengo a ti, ten paz, él desea casarse allá él". Le dije ¡no!, Esto es serio vamos a orar él no debe casarse. Me dijo: "Bueno trataré de que me haga caso". El joven hizo caso omiso a lo que le aconsejamos y se casó, a los nueve meses se divorció. La joven colocó la demanda de divorcio y le dijo: "Que no estaba acostumbrada a dejar de ser de ella y mucho menos dejar de estar en las tiendas de compra para estar metida la mayoría de las veces en la iglesia". El terminó en una depresión severa. En el sueño que él tuvo se veía enfermo, así fue. Lo más doloroso en todo esto fue que se apartó de Dios. No tomar en cuenta sus sueños es peligroso, pero ignorarlos es peor.

Conocí esta mujer hace mucho tiempo cuando aún trabaja secularmente, ella tenía 35 años. Había soñado que llegaba a una casa y le daba comida a un bebé, ella se veía muy feliz. Cada tiempo regresaba y le llevaba comida y juguetes. Este sueño se repetía una y otra vez. En el sueño ella podía ver la calle y el número de la casa y siempre se encontraba en el mismo lugar. Un día coincidimos en un servicio de la iglesia y me comentó este sueño el cual se repetía varias veces a la semana. Una vez me lo contó, Dios trajo a mí la revelación rápidamente. Le dije: Usted desea ser madre, me miró y me dijo: "¿Cómo lo sabe?, le dije: No lo sabía, su sueño lo revela. Este sueño habla de adopción ya que el bebé no sale de su casa. ¿Usted conoce la dirección que ve en el sueño? Me dijo: "No", le pregunté ¿Usted desearía adoptar? Me respondió: "Profeta es lo más que deseo", indagué: ¿Por qué usted no va a esa dirección? De ese modo podrá ver si existe algún niño o niña con necesidad.

Para nuestra sorpresa, en la casa que ella veía en el sueño, vivía una usuaria de sustancias controladas la cual quería dar a su hijo en adopción porque sabía que no podría mantenerlo. Esta hermana de la fe, comenzó a cuidar el embarazo de esta señora, le llevó alimentos, la cuidó y la protegió; al final adoptó a su niño el cual nació sano y sin ninguna adición. Hoy en día, crece en un hogar cristiano en Puerto Rico, uno lleno de amor y paz. Si esta mujer hubiese ignorado el sueño, hoy no tendría en sus manos este regalo de Dios lleno de Amor.

La Biblia nos relata historias de sueños ignorados, uno de ellos fue el de José, sus hermanos no hicieron caso al sueño y conspiraron contra él.

Y soñó José un sueño, y lo contó a sus hermanos; y ellos llegaron a aborrecerle más todavía. Y él les dijo: Oíd ahora este sueño que he soñado: He aquí que atábamos manojos en medio del campo, y he aquí que mi manojo se levantaba y estaba derecho, y que vuestros manojos estaban alrededor y se inclinaban al mío. Le respondieron sus hermanos: ¿Reinarás tú sobre nosotros, o señorearás sobre nosotros? Y le aborrecieron aún más a causa de sus sueños y sus palabras. Soñó aun otro sueño, y lo contó a sus hermanos, diciendo: He aquí que he soñado otro sueño, y he aquí que el sol y la luna y once estrellas se inclinaban a mí. Y lo contó a su padre y a sus hermanos; y su padre le reprendió, y le dijo: ¿Qué sueño es este que soñaste? ¿Acaso vendremos yo y tu madre y tus hermanos a postrarnos en tierra ante ti? Y sus hermanos le tenían envidia, mas su padre meditaba en esto. Después fueron sus hermanos a apacentar las ovejas de su padre en Siquem. Y dijo Israel a José: Tus hermanos apacientan las ovejas en Siquem: ven, y te enviaré a ellos. Y él respondió: Heme aquí. E Israel le dijo: Ve ahora, mira cómo están tus hermanos y cómo están las ovejas, y tráeme la respuesta. Y lo envió del valle de Hebrón, y llegó a Siquem. Y lo halló un hombre, andando él errante por el campo, y le preguntó aquel hombre, diciendo: ¿Qué buscas? José respondió: Busco a mis hermanos; te ruego que me muestres dónde están apacentando. Aquel hombre respondió: Ya se han ido de aquí; y yo les oí decir: Vamos a Dotán. Entonces José fue tras de sus hermanos, y los halló en Dotán. Cuando ellos lo vieron de lejos, antes que llegara cerca de ellos, conspiraron contra él para matarle.

-Génesis 37:5-18

José había contado la verdad, quizás sin la autorización de Dios, pero el sueño era real. Dios le mostró a José lo que pasaría con su vida y la de sus hermanos. Es por esto, que debemos tener claro que los sueños no se cuentan a todos, porque alguien lleno de envidia verá el respaldo de Dios sobre ti como amenaza y querrá conspirar contra tu vida, aunque todo ataque contra nosotros Dios lo tornará para bien y gloria de su nombre.

Sus hermanos pensaron que al detener al soñador detendrían el sueño. Aun cuando encierren al portador del sueño jamás alcanzarán a quien los da, Dios

Mientras más venga el enemigo contra los hijos de Dios, más Él los favorecerá inclusive dándole el doble.

Y bendijo Jehová el postrer estado de Job más que el primero; porque tuvo catorce mil ovejas, seis mil camellos, mil yuntas de bueyes y mil asnas.
-Job 42:12

De esta historia aprendemos que cuando quien nos escucha contar los sueños los ignora también es procesado. Los hermanos de José ignoraron la voz de Dios a través de él, ya que el sueño era la voz de Dios dejándole saber su destino. Imagine a los hermanos de José, ¿Qué habrá pasado por su mente al ver a su hermano siendo el gobernador de Egipto, que habrán sentido al darse cuenta de que el sueño que ellos ignoraron se había cumplido y que ellos quedaron en muy mala posición delante del que habían echado al pozo. No sabemos con exactitud, aunque sabemos que se llenaron de temor.

Después de haber enterrado a Jacob, José regresó a Egipto junto con sus hermanos y todos los que lo habían acompañado al entierro de su padre. Pero ahora que su padre había muerto, los hermanos de José tuvieron temor, y se decían: Ahora José mostrará su enojo y se vengará por todo el mal que le hicimos.
-Génesis 50:14-15

No obstante, si hay alguien que claramente mostró que llevaba a Dios por dentro fue José, él se sentó a la mesa con los que lo traicionaron y vendieron. ¡Qué gran ejemplo de Jesús!

Hay sueños que para algunos son pesadillas o sea se perturban, pero para los hijos de Dios son señales de que Él está.

En el segundo año del reinado de Nabucodonosor, tuvo Nabucodonosor sueños, y se perturbó su espíritu, y se le fue el sueño.
-Daniel 2:1

Era tan importante saber lo que se soñaba en la antigüedad, que se enviaba a buscar a Magos, astrólogos, encantadores, y caldeos para lograr interpretarlos.

Hizo llamar el rey a magos, astrólogos, encantadores y caldeos, para que le explicasen sus sueños. Vinieron, pues, y se presentaron delante del rey. Y el rey les dijo: He tenido un sueño, y mi espíritu se ha turbado por saber el sueño. Entonces hablaron los caldeos al rey en lengua aramea: Rey, para siempre vive; di el sueño a tus siervos, y te mostraremos la interpretación. Respondió el rey y dijo a los caldeos: El asunto lo olvidé; si no me mostráis el sueño y su interpretación, seréis hechos pedazos, y vuestras casas serán convertidas en muladares. Y si me mostrareis el sueño y su interpretación, recibiréis de mí dones y favores y gran honra. Decidme, pues, el sueño y su interpretación. Respondieron por segunda vez, y dijeron: Diga el rey el sueño a sus siervos, y le mostraremos la interpretación. El rey respondió y dijo: Yo conozco ciertamente que vosotros ponéis dilaciones, porque veis que el asunto se me ha ido. Si no me mostráis el sueño, una sola sentencia hay para vosotros.

Ciertamente preparáis respuesta mentirosa y perversa que decir delante de mí, entre tanto que pasa el tiempo. Decidme, pues, el sueño, para que yo sepa que me podéis dar su interpretación.
-Daniel 2:2-9

Nadie, ¡Léame bien! Ningún hombre, puede interpretar un sueño a menos que Dios se lo revele nadie, lo puede lograr. Cuando Dios le permita interpretarlos jamás se olvide de darle la gloria a Él, porque todo lo que sabemos es porque Él no los revela, nada viene de hombres, ni aun con toda su sabiduría. Veamos como Daniel entendía esto:

Y Daniel habló y dijo: Sea bendito el nombre de Dios de siglos en siglos, porque suyos son el poder y la sabiduría. Él muda los tiempos y las edades; quita reyes, y pone reyes; da la sabiduría a los sabios, y la ciencia a los entendidos. Él revela lo profundo y lo escondido; conoce lo que está en tinieblas, y con él mora la luz. A ti, oh Dios de mis padres, te doy gracias y te alabo, porque me has dado sabiduría y fuerza, y ahora me has revelado lo que te pedimos; pues nos has dado a conocer el asunto del rey.
-Daniel 2:20-23

Satanás también se infiltra enviando dardos a la mente para desviar y poner sueños falsos, pero quien escucha la supuesta interpretación, si tiene al Espíritu Santo sabrá cuando el sueño no proviene de Dios. Un emisario de las tinieblas es aquel que solo da malas noticias y visiones negativas. Entre estos, están los que tienen el espíritu de religión, esto es una fuerte señal para saber cuando los sueños no provienen de Dios.

Nuestro Padre Celestial, jamás le dará sueños que le causen miedo, menos temor o falta de paz, pueden inquietarle si son avisos, pero jamás causarle terror. ¡Él es un Dios de paz!

―――――――――

¿CÓMO SÉ QUE UN SUEÑO NO PROVIENE DE DIOS?

Hay varios factores, mencionaremos algunos a continuación:

ALIMENTOS PESADOS ANTES DE DORMIR- Si antes de ir a dormir come alimentos pesados, usted hará que su sistema digestivo trabaje cuando debe descasar y produzca sueños y pesadillas irreales.

ACOSTARSE CON SITUACIONES EN LA MENTE- Si al dormir estamos perturbados con situaciones, esto generará sueños que revelen tales conflictos.

PENSAR EN UNA PERSONA ANTES DE DORMIR CON INSISTENCIA- Cuando usted se va a dormir pensando en algo en específico, su cerebro registrará esta película formando pensamientos en ello. Lo último que observamos y escuchamos antes de dormir normalmente sonará y se enfocará en lo último que usted vio antes de dormir. Usted verá, que si en los sueños recuerda la última conversación de la noche, es porque su cuerpo se enfocó en esto, y será repetido a usted al dormir.

LO QUE MANTENEMOS EN LA MENTE- El cerebro es una máxima computadora que guarda imágenes sonido y conversaciones, aquello que usted más sostenga en su memoria será lo más que verá en sus sueños y visiones.

Por lo demás, hermanos, todo lo que es verdadero, todo lo honesto, todo lo justo, todo lo puro, todo lo amable, todo lo que es de buen nombre; si hay virtud alguna, si algo digno de alabanza, en esto pensad.
-Filipenses 4:8

Los sueños de Dios vienen como efecto de Él revelarnos o querer dirigirnos. No traen dolor ni temor, si son de alerta, mas bien nos ocuparemos en saber lo que Dios desea que hagamos. Ningún sueño debe ser manipulado y mucho menos hablado con personas que no lo sepan discernir, pues pueden afectar mucho. Es de vital importancia entender que los sueños son discernidos por Dios, es Él quien da la interpretación a los hombres, ningún humano puede descifrar lo que el cielo revela, solo Dios.

Le aconsejo, sea sabio escogiendo a quién le cuenta sus sueños. Si Dios le habla en sueños y le cuenta a alguien a quien no le gusta soñar y mucho menos levantarse a realizar sus sueños, es probable que quiera alterarlos por temor a verle en donde Dios ya le posicionó, ejemplo de esto lo vemos en el libro de Génesis en la historia de José y sus hermanos. Cuando sueñe, primero ore a Dios, analice y sobre todo, espere dirección. Dios siempre que revela permite que se interprete.

Capítulo 8

SUEÑOS Y SU MÁS CERCANA INTERPRETACIÓN

En este capítulo estaremos mencionando la más cercana interpretación de sueños con animales, agua, muerte y sueños sexuales, entre otros. Además estaremos compartiendo algunos sueños de nuestros seguidores y su interpretación.

SOÑAR CON PERROS

Normalmente estos sueños son revelación o activaciones demoníacas en nuestra vida, demonios que fueron enviados.

SOÑAR QUE PERROS LE PERSIGUEN

Son demonios que fueron enviados a detenerle. Por lo general, esto viene cuando Dios nos ha entregado un proyecto en Él. Aparecen todo tipo de chismes y difamaciones para que pierda el blanco.

SOÑAR QUE PERROS LE CORREN

Espíritus inmundos están tratando de influenciarle, y que se sienta oprimido.

SOÑAR QUE PERROS LE MUERDEN

Espíritus inmundos lograron el fin de influenciarle, sea por que haya pecado o se haya desviado. También revelan vida espiritual no estable.

SOÑAR CON ANIMALES SALVAJES

Según la especie del animal, revelan ataques demoniacos de alta jerarquía. Principados o potestades, están en actividad en contra del pueblo de Dios.

SOÑAR QUE ES ATACADO POR LEONES

Lucha interna de su fe.

SOÑAR CON LEONES QUE LE DEFIENDEN

Presencia de Dios peleando por usted.

SOÑAR QUE LEONES FEROCES LE QUIEREN DEVORAR

Tiempo fuerte de escasez, luchas con espíritus de pobreza.

SOÑAR CON COCODRILOS

Alto ataque de principado demoniaco. Si esta especie le muerde en el sueño, ya el plan fue desatado para afectarle. Si el cocodrilo está cerca, probablemente este muy cerca el plan del adversario. Si se ve dominando el animal, ha logrado vencer dicho ataque.

SOÑAR CON COCODRILOS PEQUEÑOS

Luchas espirituales en varias áreas, tanto espirituales como naturales. Esto encierra personas que quieren hacerle la guerra.

SOÑAR QUE ES DEVORADO POR UN TIBURÓN

Actividad de brujería sobre usted con aguas o en los mares.

SOÑAR CON ÁGUILAS

Reflejan ascenso al ministerio, mayormente cerca de lo profético o aviso de llamado a Profeta. Personalmente tuve una experiencia con un águila, todos los datos están en mi primer libro (*De la Nada en Su Presencia*).

SOÑAR CON ABEJAS QUE LE PERSIGUEN

Ha estado muy afanado, está trabajando más de la cuenta.

SOÑAR CON PALOMAS

Cuando vemos palomas pasar, habla de que necesitamos momentos de descanso y quietud.

SOÑAR CON MARIPOSAS NEGRAS

Espíritus de enfermedad fueron enviados hacia su entorno.

SOÑAR CON MARIPOSAS DE COLORES

Refleja cambios internos positivos en la persona.

SOÑAR CON ARAÑAS

Nos revela trampa que se está gestando, si logra ver la tela de araña ya fue tendida dicha trampa.

SOÑAR CON TELA DE ARAÑA

Se está tramando una caída o trampa en su contra e incluye brujería.

SOÑAR CON PECES

Esto se refiere a personas y almas a salvarse.

SOÑAR QUE UN PEZ LE TRAGA

Esto muestra re-dirección para su vida.

SOÑAR QUE UN PEZ LE ESCUPE FUERA DE ÉL

Se le muestra la posición a un destino o dónde debe o debía llegar.¿Recuerda cómo el Profeta Jonás llegó a su destino al tratar de huir para no hacer la voluntad de Dios? Su medio de transportación fue un pez gigante.

Tomaron, pues, a Jonás y lo lanzaron al mar; y el mar cesó en su furia. Y aquellos hombres temieron en gran manera al Señor; ofrecieron un sacrificio al Señor y le hicieron votos. Y el Señor dispuso un gran pez que se tragara a Jonás; y Jonás estuvo en el vientre del pez tres días y tres noches.

-Jonás 1:15-17

Le mencioné, que los peces también rebelan la salvación de las almas, Jonás fue tipo de la salvación por medio de Jesús. ¿Cuántos días estuvo Jonás en el pez gigante y cuánto tardó el sacrificio de Jesús? Tres días, al leer este capítulo entenderá más.

SOÑAR CON RATAS

Las ratas son animales muy flexibles, no importa el espacio o la brecha buscarán cómo meterse. Es un animal que espía y se mueve en la oscuridad, sale para alimentarse de algo y vuelve a su escondite. Cuando usted sueña con ratas, Dios le está revelando que usted puede estar siendo asediado por un espíritu o influencia demoníaca inmunda que espía lo que usted hace, todo con el fin de derribarlo. Igual este sueño puede estar revelando cosas ocultas en su hogar o cerca de usted.

SOÑAR CON CUCARACHAS

Habla de inmundicias ocultas, actos impuros ocultos.

SOÑAR CON MURCIÉLAGOS

Representa que le pueden estar rodeando gente hipócrita. El murciélago se ve aparentemente dormido, pero no lo está, solo finge para no ser descubierto en su oscuridad. Los murciélagos solo duermen de día. Les molesta la luz.

SOÑAR CON SERPIENTES

Se refiere a engaños, traición de personas cercanas, amigos, pareja, personas que se aman o se quieren.

SOÑAR CON MUERTE

Un ataque se acerca, no necesariamente a su persona. Se le muestra tal muerte para que interceda por la persona que ve morir. Si es usted, es para que suba en oración con urgencia. Si el sueño es con una persona que ya murió y está rondando en sus sueños, ¡Cuidado! Una maldición generacional que portó esa persona, tal como, enfermedad mental o física, pobreza o conflictos con otras personas mientras estuvo viva, está tratando de influenciarle. Debe orar a Dios por sabiduría y reprender cualquier maldición que desee ser transferida hacia su generación a través de usted. Muchas personas no creen que esto se transfiere de generación en generación, es por esto, que tenemos familias repitiendo las mismas situaciones.

Veamos lo que dice la palabra de Dios:

Perecerán en medio de las naciones; el país de sus enemigos los devorará. Aquellos de ustedes que sobrevivan serán abatidos en país enemigo, porque a sus pecados se añadirá el de sus padres.
-*Levíticos 26: 38-39*

Cuando se maldice una familia normalmente se incluye a toda la generación de esta. ¿Ha visto, familias que mueren de accidentes, cáncer, enfermedades del corazón o que todos tienen el mismo temperamento de ira no controlada, incredulidad, pobreza y adicciones? Jesús es el único que rompe con todo eso por el poder de su sangre.

Y estas palabras que yo te mando hoy, estarán sobre tu corazón; y las repetirás a tus hijos, y hablarás de ellas estando en tu casa, y andando por el camino, y al acostarte, y cuando te levantes.
-Deuteronomio 6:6-7

¡Pero tengan cuidado! Presten atención y no olviden las cosas que han visto sus ojos, ni las aparten de su corazón mientras vivan. Cuéntenselas a sus hijos y a sus nietos. El día que ustedes estuvieron ante el Señor su Dios en Horeb, él me dijo: "Convoca al pueblo para que se presente ante mí y oiga mis palabras, para que aprenda a temerme todo el tiempo que viva en la tierra, y para que enseñe esto mismo a sus hijos.
-Deuteronomio 4:9-10

SOÑAR QUE ES IMPACTADO POR UNA BALA O FLECHA

Revela brujería de personas cercanas.

SOÑAR QUE CAYÓ POR UN PRECIPICIO

Inestabilidad en áreas muy importantes para usted, sobre todo área emocional.

SOÑAR CON UN TSUNAMI

Las personas se frustran y alteran al ver dichos sueños. La mayoría de las veces, este sueño no es exactamente un tsunami físico. En ocasiones grandes cantidades de agua y tormentas significan grandes cantidades de problemas personales, familiares o de pareja.

Deseo compartirle este sueño verídico. Un amigo pastor se comunicó con nosotros y nos comentó que había soñado que el agua entraba a su ciudad y él la podía ver. Él trató de gritar y avisar, pero nadie lo escuchaba. Se sostuvo de un poste muy alto que estaba en la carretera y las aguas pasaban por encima de él con violencia, pero no le arrastraban. Al pasar todo este torrente de agua, solo quedó él, lo demás estaba destruido. Meses después, su hogar se destruyó y sus hijos se dispersaron. Él trató de repararlo, como en el sueño, que él gritaba tratando de hacer algo, pero no logró nada. Se quedó solo, su familia no quiso seguir el ministerio con él.

Dios le estaba avisando a este noble pastor de lo que viviría y que él permanecía sostenido de este poste alto que representaba a Dios.

SOÑAR CON EL MAR Y VER AGUAS LIMPIAS

Habla de naciones, viajes y movimiento de lugar.

SOÑAR CON AGUAS SUCIAS

Vida de pecado e inmundicias, muerte espiritual, frialdad espiritual o se está planeando que usted se aparte del Señor.

SOÑAR QUE CAE EN AGUAS NEGRAS

Nos revela que estamos en dirección contraria, decisiones erróneas o camino y destino incorrecto.

SOÑAR CON GOTERAS DE AGUA LIMPIAS CAYENDO DEL TECHO DE SU HOGAR

Se refiere a bendiciones que fueron detenidas y ya Dios envío orden de ser desatadas. Por el contrario, si las gotas de agua son sucias habla de puertas de pecado en la vida de alguno de los que pernocta en este lugar.

SOÑAR QUE LIMPIA SU CASA

Dios le está dirigiendo a que ordene espiritualmente su vida. Las casas reflejan nuestro cuerpo.

SOÑAR CON BAUTISMO EN LAS AGUAS

Esto revela un nuevo nacimiento en Dios, una vida nueva apegada al Padre Celestial.

La cual simboliza el bautismo que ahora los salva también a ustedes. El bautismo no consiste en la limpieza del cuerpo, sino en el compromiso de tener una buena conciencia delante de Dios. Esta salvación es posible por la resurrección de Jesucristo.
-1 Pedro 3:21

SOÑAR CON AGUAS LIMPIAS

Vida espiritual clara, temporada de cambios favorables y serenidad, nuevos comienzos. Si usted se está bañado en aguas limpias, habla de pureza y santidad. Si usted se ve cayendo en aguas limpias acaba de entrar en una buena temporada.

Compartiré otro de mis sueños el cual ocurrió al inicio de haberle entregado mi vida a Dios. Cuando conocí al Señor, ya me había bautizado en varias ocasiones (puede leer más acerca de esto en mi primer libro, *De la Nada en Su Presencia*), ciertamente no sabía la importancia del bautismo. Así que estando en una clase en la Universidad, a varios meses de haberle entregado mi alma, vida y corazón a Jesús, sentí fuertemente en mi interior una voz que me decía: "Debes bautizarte". Comencé a escuchar esto una y otra vez, no podía concentrarme en mis clases, así que dije: Si esta voz es la tuya, tú me guiarás. Esa misma noche se comunicó conmigo mi pastora y me dijo: "Este domingo estaremos bautizando en la playa, hemos separado el lugar y mientras orábamos, Dios me trajo su nombre, por eso la llamo, no sé si desea ser parte. En ese momento comencé a llorar, solo necesitaba la orden de Dios para no moverme sin su autorización. Llegó el día del bautismo, uno de los días más bellos en mi vida y me bauticé. Usted se preguntará ¿por qué nos cuenta esto? ¿Qué tiene que ver con los sueños? Le explico.

Al día siguiente de haberme bautizado tuve un sueño. Yo estaba en un barco pequeño (medio de transportación) junto a otra persona. Mientras se movía el barco me percaté que el agua era negra y sucia, y yo remaba para salir de ahí. Al avanzar, me percaté en el sueño que había un hombre negro con aspecto horrible debajo del agua y sacaba las manos una y otra vez para tocarme y hundirme con él. De repente, las aguas se dividieron y caí en el mismo barco, pero esta vez las aguas estaban limpias, el mar se había cambiado. Pude observar un arcoíris y el cielo totalmente despejado y azul. Sentía una paz hermosa. Al pasar de los años, Dios me reveló que mi vida estaba en aguas sucias (pecado) y lejos de Él. Luego del bautismo, mi vida fue limpia y era una nueva criatura, por eso fue el cambio de las aguas.

VERSE INMOVILIZADO / PARÁLISIS DEL SUEÑO

En ocasiones, vienen de parte del Señor para impartirle (hablé de esto en un capítulo anterior) y en otras, son demonios que vienen a paralizarle para depositar maldiciones en usted enviadas por Satanás para destruirle. En ocasiones nos pueden paralizar y en la mente nosotros reprendemos y se van. ¡Sí, un cristiano puede ser paralizado! No porque esté atado, sino que Satanás envía sus influencias para tratar de detenernos.

¡Vete, Satanás! —le dijo Jesús—. Porque escrito está: Adora al Señor tu Dios y sírvele solamente a él. Entonces el diablo lo dejó, y unos ángeles acudieron a servirle.
-Mateo 4:10-11

SUEÑOS SEXUALES

La iglesia no habla de esto, pero el que un tema no se enseñe no quiere decir que no exista. Debemos entender antes, que hay varios rangos de fuerzas malignas. Uno de ellos son los demonios íncubos, estos aparecen en sueños y vienen a dormir con las mujeres. Los súcubos, duermen con los hombres. Ambos utilizan muchas veces la imagen de la cara de ex-parejas, o personas que nunca han conocido para manifestarse y hacen sentir placer sexual a las personas en dichos sueños. En ocasiones, se presentan como personas del mismo sexo para mantenerle atado y sucio ante la presencia de Dios, de esta forman contaminan más a los hijos de Dios.

Los demonios, transfieren espíritus inmundos de fornicación, adulterio y pornografía, entre otros. Esto con el fin de que estas personas no logren ser fieles y estables en su vida conyugal y peor aún, para que no tengan una relación con el Espíritu Santo de Dios. Su actividad sobre los creados por Dios es para que no tengan matrimonios fieles, para que no se casen y para que no permanezcan en una relación con el respeto que merece. Estos, también trabajan creando gran dificultad para que las mujeres no puedan quedar embarazadas y provocan divorcios porque desean que las personas no tengan una relación íntima, legal y limpia. Le atacan para que no tengan un hogar estable. Muchos matrimonios tienen diferentes conflictos y no saben la verdad de la fuente.

A continuación, le ayudo a identificarlos con algunos ejemplos. Cuando una persona siente que tienen intimidad con ella y le crea placer, el mundo le llama sueños mojados. Sin embargo, la realidad es que demonios vienen a depositar su maldad en las personas a través del sexo porque hay trasferencia cuando se tiene intimidad con alguien. ¡Sí trasferencia! Lo que porta una persona se transfiere a otra en el acto de intimidad porque se convierten en una sola carne. La Biblia lo dice:

Y de la costilla que el Señor Dios había tomado del hombre, formó una mujer y la trajo al hombre. Y el hombre dijo: Esta es ahora hueso de mis huesos, y carne de mi carne; ella será llamada mujer, porque del hombre fue tomada. Por tanto, el hombre dejará a su padre y a su madre y se unirá a su mujer, y serán una sola carne.
-Génesis 2:22-24

¿O no sabéis que el que se une a una ramera es un cuerpo con ella? Porque El dice: Los dos vendrán a ser una sola carne.
-1Corintios 6:16

Así también deben amar los maridos a sus mujeres, como a sus propios cuerpos. El que ama a su mujer, a sí mismo se ama. Porque nadie aborreció jamás su propio cuerpo, sino que lo sustenta y lo cuida, así como también Cristo a la iglesia.
-Efesios 5:28-29

Es por esta razón, que existen tantos conflictos y personas que se vuelven adictas al adulterio y no saben detenerse. En muchas ocasiones estas personas, antes de tener intimidad con quien no debían no tenían esas fuertes luchas, pero al tener relaciones sexuales con dichas personas que ya estaban atados, se vuelve más fuerte esta guerra para ellos. He visto hombres y mujeres ser destruidos espiritualmente luego de haber caído, y tratar de levantarse y no poder por causa de que les fue transferida toda la inmundicia que habitaba en la otra persona. Como no saben ser libres de ello terminan divorciándose o perdidos.

Tuve una amiga que salió del lesbianismo, Dios la libertó, pero tenía algunas temporadas donde tenía sueños que regresaban a molestarla sexualmente tanto hombres como mujeres. La dirigí a ungirse y ungir su casa. Estos espíritus querían volver para hacerla dudar y caer ya que cuando habitan por tanto tiempo en los cuerpos que influenciaban creen que es su casa y tratan de volverla a ensuciar. La Biblia registra el comportamiento de estos espíritus.

Cuando el espíritu inmundo sale del hombre, pasa por lugares áridos buscando descanso y no lo halla. Entonces dice: "Volveré a mi casa de donde salí"; y cuando llega, la encuentra desocupada, barrida y arreglada. Va entonces, y toma consigo otros siete espíritus más depravados que él, y entrando, moran allí; y el estado final de aquel hombre resulta peor que el primero. Así será también con esta generación perversa.

Mateo 12:43 45

TESTIMONIO REAL

SUEÑO- "Profeta, constantemente sueño que tengo relaciones con diferentes personas. En los sueños siento placer y al levantarme también he sentido que logré el orgasmo o la sensación de esto, es muy consecutivo este sueno, en ocasiones veo personas que fueron mis parejas, he tratado de vencer esto, me siento sucia, pues soy líder en mi iglesia.

INTERPRETACIÓN- Este sueño es un claro ejemplo de que hay luchas con espíritus inmundos sexuales. Estos desean apartarle de Dios y a la vez corromper su sexualidad. Cuando una persona tiene estas luchas constantes, por lo general, ha sido abusada sexualmente en su niñez, tuvo una vida sexual descontrolada, estuvo en el sistema del mundo bajo fornicación, tiene luchas de inclinación hacia el mismo sexo o fue expuesto a pornografía. Todas estas puertas le dan legalidad a los demonios sexuales de venir a molestar a estas personas si no han tenido un encuentro genuino con Jesús, si no han mantenido una alta vida de oración, y comunión con nuestro Padre Celestial.

Usted debe saber que, si al levantarse usted siente o sintió placer en su cuerpo, estos espíritus inmundos tuvieron contacto con usted, o sea estaban sobre usted en ese momento. Usted dirá, ¿cómo es posible esto?

Repito por no tener conocimiento es que muere un pueblo y el enemigo le esclaviza.

Profeta, ¿cómo puedo ser libre de esto? Primero, tiene que hablar con Dios y reconocer el pecado, su falta, arrepentirse y humillarse ante Dios. Segundo, pedir perdón a la persona que usted le falló si estuvo casado. Si usted aún lo oculta le hará más daño, debe ser genuino en el arrepentimiento *(Proverbios 28;13)*. Tercero, debe pasar por liberación, y tener asistencia espiritual pastoral que sea genuino en el llamado, para que le ayude a orar y que estos espíritus no regresen.

Muchos líderes cuando se enteran de que alguno de sus cercanos pasó por una caída vergonzosa de esta especie, recomiendan callar sin saber que esto hace más fuerte a esos espíritus, peor aún tenemos gente de fe, que no creen en la liberación, cuando el mismo Jesús dijo, que este acto era señal de los que creen en su nombre.

Y estas señales seguirán a los que creen: En mi nombre echarán fuera demonios; hablarán nuevas lenguas.
-Marcos 16: 17

Lo más poderoso de esto es que la Biblia nos dice que si confesamos nuestros pecados seremos libres.

Si confesamos nuestros pecados, El es fiel y justo para perdonarnos los pecados y para limpiarnos de toda maldad.
-1 de Juan 1:9

SUEÑOS DE AFLICCIÓN Y TRISTEZA

Reflejan pobreza y ataque en sus finanzas. Personas que pelean con este espíritu, por lo general utilizan ropa usada, toman todo lo que le dan, tienen demasiada ropa vieja y usada en sus casas, recogen todo lo que ven en la calle y no se dan cuenta que con esta acción se están atando porque no permiten que Dios le bendiga con todo nuevo. Él es el dueño del oro y de la plata. A estas personas no les gusta botar nada de sus casas, siempre tienen muchas cosas que no utilizan y mayormente recuerdos de artículos viejos.

SOÑAR QUE ESTÁ COCINANDO

Revela provisión en camino para su casa.

SOÑAR QUE ESTÁ DESNUDO Y DESEA CUBRIRSE

El enemigo está tramando traer vergüenza para usted.

SOÑAR CON HOMBRES EN CABALLOS NEGROS

Revela un alto ataque del mundo de las tinieblas contra usted y contra su casa.

SOÑAR QUE ES PERSEGUIDO POR UNA PERSONA TRASTORNADA DE LA MENTE

Espíritus de enfermedad le pueden estar rodeando.

SOÑAR CON QUE PERSIGUEN A ALGUIEN DE SU FAMILIA, SEAN GANGAS, PANDILLAS

Refleja alta intención de perturbación del mundo espiritual adverso para dividir su hogar.

SOÑAR QUE ALGUIEN LE VISITÓ, LE ABRAZÓ Y SE LEVANTÓ MUY EN PAZ

Visita angelical que le ministró mientras dormía.

SOÑAR CON PÉRDIDA DE CABELLO

Pérdida de gloria de Dios en dicha persona, pérdida de autoestima.

SOÑAR QUE VIAJA A UN LUGAR QUE NUNCA LLEGA

Representa mayormente un ataque que fue enviado a usted y no tuvo efecto.

SOÑAR CON QUE LLEGAN MUCHAS CAJAS Y PAQUETES A SU HOGAR Y USTED LOS RECIBE

Es una indicación de que fueron desatadas peticiones que esperaba de parte de Dios.

SOÑAR QUE ESTÁ VOLANDO Y SIENTE PAZ

Crecimiento espiritual o laboral, satisfacción con usted mismo y con lo que ha logrado.

SOÑAR QUE ABRE UNA IGLESIA

Revela su deseo genuino de crecer en Dios. Mayormente si usted ve la llave de este proyecto es porque será materializado. Si solo se ve queriendo abrirla es porque tiene hambre de subir espiritualmente.

SOÑAR QUE RECIBE ASISTENCIA DE PERSONAS BUENAS, QUE LLEGAN PARA AYUDARLE Y ASISTIRLE EN UN MOMENTO TRISTE O DE AFLICCIÓN

Habla de intervención angelical a su favor.

SOÑAR QUE LA MANO DE DIOS SALE DEL CIELO

Nos refleja la intervención directa del Padre Celestial en nuestra defensa.

SOÑAR QUE ESTÁ EN LA CORTE Y VE AL JUEZ TOMANDO UNA DECISIÓN

Nos revela que termina tiempo de conflicto. Puede ser emocional o físico.

SOÑAR QUE VA A RECIBIR ALGO, PERO NO LLEGA O PUERTAS QUE CASI SE ABREN

Quiere decir que hubo interrupción demoníaca para que no lograra recibir lo que esperaba. La oración es poderosa para liberar los aires. Aplíquela de inmediato.

SOÑAR QUE ESTÁ COMIENDO

Es cansancio y pereza. Normalmente cuando comemos entramos en reposo en lo natural, en sueños cuando usted se ve cómodo hay poco nivel de actividad favorable en su vida.

SOÑAR CON PÉRDIDA DE SANGRE, ABORTAR

Esto tipifica pérdida de buenas relaciones. Y un aviso de que su salud puede ser afectada de gran manera o la salud de alguien que ama o familiar muy cercano. Inclusive puede revelar la pérdida de ministerio.

Deseo compartirles un sueño que tuve hace años y que para mí ha sido uno de los sueños más simbólicos que he tenido. Pertenecía a una iglesia hermosa, pero el

Señor me había revelado el control que existía allí. Además, me había revelado de líderes muy heridos y sobre todo muy atados emocionalmente.

Aún así, permanecía orando porque sentía que Dios podía cambiar todo. Dentro de mí pensaba, las iglesias siempre tienen algo. Al Pasar del tiempo los líderes comenzaron a ver que sobre mí había un llamado, querían estar cerca de mí y cerca de mi casa, así que les dejé entrar. Al poco tiempo me unieron a su equipo de líderes. Sin embargo, yo seguía sintiendo una alerta en mi espíritu muy fuerte de cuidado, así que dije: Desde lejos Rita. ¡Cuidado! Porque el Espíritu siempre revela. Al pasar los meses tuve este sueño: ¡Lea bien amado lector!

Soñé que me acostaron en una burra (así le llaman en algunos países a la camilla donde la mujer da a luz). Me vi acostada allí con mis piernas abiertas como si fuera a dar a luz un bebé. En efecto, en el sueño estaba embarazada de una niña muy hermosa, estaba completa muy grande y saludable. De hecho, podía ver la niña dentro de mi vientre y se veía como si tuviera nueve meses de nacida. Era algo muy extraño. De repente, entraron los médicos que me asistirían en el parto, pero para mi sorpresa eran los pastores. En ese momento me sorprendí y pregunté: ¿Ellos son los médicos? Acto seguido, la pastora se sentó en la silla para comenzar la labor y el pastor le pasaba a ella los materiales. Cuando ella introdujo la mano, comenzó a cortar la pierna de la bebe dentro de mí, me percaté que no estaba asistiendo el parto, ella me estaba practicando un aborto. ¡Un terrible aborto! Yo sentía el dolor y le pregunté: ¿Por qué quieres matar a mi bebé? Le dije al pastor: Mire lo que la pastora me está haciendo. Pude ver que había cortado la pierna de la bebe y lloré mucho, le cuestioné: ¿Por qué mataste a mi bebé? Ella con cara de molesta me dijo: "Vine a eso punto".

Luego aparecí en un comedor muy grande, allí estaba sentada mi abuela que aún vive y es cristiana. Ella tenía un bebé en sus manos, pero este era varón y estaba formado. Este bebé era grande y robusto y tenía bigote. Mi abuela me lo entregó y me dijo: "Toma, este ahora es tu hijo ya que te quisieron matar el otro. Este es más grande y fuerte". Al levantarme del sueño estaba muy aturdida, podía sentir una tristeza terrible aún cuando me habían entregado otro bebé.

Al pasar los días, estos pastores me reunieron para ungirme, sí, deseaban darme una posición ministerial con ellos y me dijeron: "El día que te unjamos te llevaremos la agenda, todo será a nuestro modo, nos pertenecerás". Todo estuvo bien hasta que me dijeron: "Nos pertenecerás", esto estremeció mi espíritu porque siempre me he sentido que pertenezco a mi Padre Celestial. Debemos tener pastores, claro, pero estos no deben controlar lo que somos en Dios. Esto es un tipo de atadura humana que Dios no aprueba. Siempre haremos la voluntad de Dios no los antojos de los hombres. Ese día no contesté a su propuesta, le dije: Si Dios le habló yo lo haré, solo iré a mi casa a orar. Me fui a mi casa a orar y no habían pasado diez minutos, cuando recibí la llamada de una mujer de Dios que me dijo: "Dios te advierte que no permitas un ungimiento que Él no te entregó. ¡Cuidado, por más bello que sea, no es lo que Dios quiere para ti!

El mismo día recibí tres llamadas con la misma confirmación. Así que los llamé y les notifiqué que no aceptaría. Por esta decisión se levantó una guerra infernal. En ese momento comprendí el sueño, ellos querían tomar control de lo que Dios había depositado en mí y al final yo terminaría abortando el propósito de Dios. Días después, estos pastores comenzaron una agenda de difamación para dañarme ministerialmente. Pronto la iglesia comenzó a vaciarse y las personas a darse cuenta de lo que sucedía allí. Ambos comenzaron a presentar problemas en su salud, perdieron seres queridos y su casa aún está siendo sacudida, ruego a Dios por ellos. Son personas que sé que Dios llamó, pero jamás sanaron. ¡Querían hacer todo tan perfecto que comenzaron a controlarlo todo! Comenzaron a moverse en la hechicería sin darse cuenta.

Este sueño salvó nuestro ministerio pues si yo hubiese seguido sus pasos hoy les serviría a los hombres, sería esclava de ellos y no sierva de Dios. Nuestros sueños tienen un valor incalculable y más en este tiempo que ya viene Jesús. Y está volviendo hablar intensamente en sueños y visiones.

CUANDO SE LEVANTA ADORANDO O CON ALGUNA ALABANZA EN SU MENTE

El Espíritu de Dios le está dirigiendo a darle alabanzas a Jesús, tiempo de adorar.

SOÑAR QUE SE CASA CON UNA PERSONA QUE NO CONOCE

Mayormente son demonios tratando de iniciarle y atarle en sus sectas creyendo que usted les pertenece. Esto también ocurre por maldiciones generacionales o por acciones pasadas relacionadas a sectas, brujería, hechicería, o participación de gangas.

En mis inicios en el evangelio soñaba con hombres que querían casarse conmigo. Dios me ayudó a entender que eran demonios tratando de atarme para unirme con la brujería que mi familia en su pasado practicaba. Dios me entregó victoria sobre esto al orar. Me enseñó a reprender estos sueños y a dedicarme a Él y a su palabra viva, que me conducía a su presencia.

SOÑAR CON FLORES

Las personas creen que soñar con rosas habla de muerte y no es así. Las flores en sueños o visiones reflejan temporadas de primavera, donde lo que pudo estar muerto, seco o triste, florece.

SOÑAR QUE SE LE CAEN LOS DIENTES

Se refiere a pérdida de personas en nuestra vida vinculadas en el área emocional, amigos, esposo, esposa, familia. Nada tienen que ver con muerte física.

NIÑOS QUE LLORAN CUANDO DUERMEN O SE LEVANTAN LLORANDO

La mayoría de los niños son asediados por espíritus inmundos. Debemos entender que las influencias demoniacas operan en animales, objetos y en personas no importando la edad. Todos hemos sido constituidos pecadores por causa de la caída de Adán y Eva, aunque nuestros niños no tienen conocimiento de elegir a su temprana edad, de igual forma son atacados. Los niños que son dotados con el don de discernimiento de espíritus normalmente pueden percibir demonios en las noches, en sus sueños y en sus casas, sin embargo, como no lo saben expresar lloran o dicen que ven sombras. Conozco de niños que por causa de estos espíritus que vienen a molestarles causan contienda, pleitos y molestias en sus hogares. ¿Qué debemos hacer al respecto? Orar por nuestros niños siempre antes de llevarlos a dormir, enseñarles a leer las escrituras y ungirlos.

A continuación, algunos sueños de nuestros estudiantes y su interpretación:

SUEÑO- "Hace unas semanas soñé que cruzaba un puente sobre un lago, cada vez que iba a llegar al final, salían muchas serpientes del lago y se acostaban sobre el puente. Cuando esto ocurría tenía que retroceder para que se fueran y se repetía".

INTERPRETACIÓN- Este sueño revela una etapa de avance que esta persona tenía que alcanzar, sin embargo, traiciones y desconfianza le hacían retroceder. El tener que volver atrás habla de procesos pasados no superados que mayormente tienen que ver con traición. En el sueño ella decidía ir atrás por evitar las serpientes que representan la traiciones, la decepción y el dolor. ¿Qué hacer en este caso? Se debe vencer esto en oración, tomar la decisión de avanzar, perdonar y volver a creer. Cerrar capítulos y dar marcha a lo que Dios le desea entregarle.

SUEÑO- "Recibo fechas y espero el día de esas fechas, pero, nada en especial pasa. He visto en visiones una mano subrayando fechas con un "highlighter".

INTERPRETACIÓN- Este sueño habla de tiempo de oración, no de festividad. Dios está llamando a esta persona a encuentros, le muestra fechas, porque de esta forma es que Dios nos habla del tiempo. Las fechas que son tachadas por una mano, son aquellas en donde no ha tenido el encuentro al que Dios le está llamando. En conclusión, debe subir el nivel de oración.

SUEÑO- "Soñé que era parte de un ejército y alguien bien grande desde la montaña me daba órdenes para yo impartirlas".

INTERPRETACIÓN- A esta persona se le reveló, que será llevado a un nuevo nivel y este es delegado por Dios, no por hombres.

SUEÑO- "Estaba caminando por la calle y me topé con un indigente. Cuando comencé a orar por él y se me acercó alguien y me dijo: No tengas miedo para esto fuiste llamada".

INTERPRETACIÓN- Este sueño nos muestra el don de servicio que Dios le entregó a esta persona. A la vez muestra la asistencia de Dios exhortándole que no tema. De esta forma Dios le habló también a Josué.

Mira que te mando que te esfuerces y seas valiente; no temas ni desmayes, porque Jehová tu Dios estará contigo en dondequiera que vayas.
-Josué 1:9

SUEÑO- Una de mis hijas espirituales soñó que yo llegué a su casa y que era su hogar negro y blanco. Me veía en su casa con un traje púrpura (color púrpura significa realeza) y que tenía mantos de colores en mis manos. Entraba a su casa y comenzaba a hablar en lenguas, adornando con flores y colores. Un grupo me esperaba afuera de la casa y oraban unidos conmigo mientras yo decoraba su casa. De repente, su casa se volvió hermosa. Cuando ella tuvo este sueño no me conocía o tenía algún contacto conmigo.

INTERPRETACIÓN- Dios le avisaba que me enviaría a ellos a darle gozo, amor y cuidados. Las flores representan el cuidado que debemos darle a las cosas y personas. Ellos habían salido muy heridos de otro lugar y Dios los dirigía a mí para restauración. Ciertamente se cumplió así, aún están bajo nuestra mentoría.

SUEÑO- Este sueño lo recibí a través de un mensaje: "Desde anoche estoy orando para que Dios abra la puerta para un apartamento. Soñé que iba de tiendas a comprar unos zapatos, pero cada vez que iba a entrar en una tienda las puertas se cerraban y no podía entrar. Al seguir caminando hacia un pasillo vi un grupo de personas cantando con guitarras que venían hacia mí y me dijeron: Ven, vamos a cantar para que se abran las puertas. Me fui con ellos a cantar frente a la puerta de una tienda y mientras cantábamos, los trabajadores de la tienda abrieron las puertas de par en par. Las puertas eran de cristal con bordes dorados y los que abrían las puertas estaban muy elegantemente vestidos, luego desperté".

INTERPRETACIÓN- Los zapatos o calzados significan el apresto del evangelio, quiere decir el avance de un ministerio. Es con los pies que llegamos a diferentes lugares, esta amada seguidora necesitaba un apartamento, pero Dios le estaba revelando que estaba siendo preparada para desarrollar lo que cargaba. Dios nos da las añadiduras, pero primero nos posiciona en Él. Si observamos, había resistencia para ver el avance de esta, ya que le cerraban las puertas, pero al final, vemos que se revela la intervención angelical, dirigiéndola a adorar. Usted me preguntará ¿intervención angelical? Sí, los únicos que nos acompañan a adorar a Jesús son los ángeles y quien nos dirige a hacerlo es el Espíritu Santo, esto quiere decir que la oposición que ella experimentó en el sueño de puertas que no se abrían, serían rotas adorando al Señor. La adoración era la clave para esta seguidora. Cuando ella adorara las puertas se abrirían a su favor. Es muy importante conocer los códigos que Dios nos revela, son llaves a portales. No dudo que esta mujer reciba el apartamento que desea, pero antes, Dios le entrega avance en el ministerio. Así es Él, primero su deseo luego el nuestro.

SUEÑO- "Soñé que Dios me mostraba una mesa, en el centro había un coco seco que tenía un collar alrededor color negro y naranja, casi rojo. Ese mismo día era nuestro culto de oración, y orando Dios me dio el nombre de una persona con todo y su apellido".

INTERPRETACIÓN- Dios le reveló a esta mujer, un alto trabajo de muerte que estaba siendo levantado en contra de una persona. Esta mujer es una intercesora efectiva y en el culto de oración Dios le reveló el nombre y apellido de la persona a quien iba dirigido el trabajo, para que intercediera por ella. Dios es el único que busca quién interceda para que no seamos destruidos, aun cuando Él haya determinado enviar juicio por nuestro pecado.

Y busqué entre ellos hombre que hiciese vallado y que se pusiese en la brecha delante de mí, a favor de la tierra, para que yo no la destruyese; y no lo hallé.
-Ezequiel 22:30

Deseo resaltar que estos sueños y sus interpretaciones fueron cumplidos en la vida de quienes los vivieron y nos confiaron hacerlos saber. Ahora bien, Dios revela a cada cual como desea y de forma individual. Todos podemos pedirle al Espíritu Santo que nos otorgue dones, y que nos ayude a conocer directamente la voluntad de Dios para nuestras vidas. La oración es vital para mantenernos en el camino hacia Dios correctamente.

Capítulo 9

Anote, no olvide, y actúe

¿Cómo accionar? ¿Qué debemos hacer cuando tenemos sueños difíciles, luchas espirituales en ellos, pesadillas, visiones y advertencias aun positivas?

Lo primero que debemos saber es que Dios es quien nos revela para que estemos al tanto de todo. Si al soñar tiene la bendición de levantarse inmediatamente hágalo, rápidamente dispóngase a interceder. Cuando sean sueños perturbadores, recuerde que no es lo mismo orar, que interceder. Muchas de las actividades en los sueños son muy tangibles y reales en el momento en que los tenemos. Si no puede levantarte inmediatamente, tan pronto como lo recuerde vaya de rodillas a orar por ello. Cuando se sueña con ataques fuertes, la mayoría de las veces esos espíritus están en nuestro entorno enviando ataques a nuestra mente. Es por esto, que le ruego que se levante, reprenda, ore, interceda, adore a Jesús y cúbrase con su sangre. Amén.

Usted debe saber que tener a Jesús, será la clave de nuestra Victoria. Jesús venció a Satanás y todos sus demonios en la Cruz.

Anulando el acta de los decretos que había contra nosotros, que nos era contraria, quitándola de en medio y clavándola en la cruz, y despojando a los principados y a las potestades, los exhibió públicamente, triunfando sobre ellos en la cruz.
-Colosenses 2:14-15

Y por Él somos más vencedores.

Antes, en todas estas cosas somos más que vencedores por medio de aquel que nos amó.
-Romanos 8:37

Los niveles de oración deben permanecer constantes si la actividad de sueños y de luchas son frecuentes. No debe buscar la presencia de Dios un día sí y otro no, esto le afectará en desarrollarse para poder discernirlos. Muchas veces Dios nos permitirá levantarnos espantados en medio del sueño, esto es porque el ataque ya está cerca y debe deshacerlo a través de la oración. Las escrituras nos dicen que lo que es atado en la tierra también es atado en el cielo.

Y a ti te daré las llaves del reino de los cielos; y todo lo que atares en la tierra será atado en los cielos; y todo lo que desatares en la tierra será desatado en los cielos.
-Mateo 16:19

Para vencer y permanecer cuando esté bajo luchas, debe añadir el ayuno; este es muy poderoso y mantiene lejos de nuestro entorno al adversario y sus influencias. Por supuesto, debe tener una vida lejos del pecado, del rencor, las ofensas y disensiones ya que esto abre puertas al mundo de las tinieblas.

Las personas creen que, porque no fornican no pecan. Si usted guarda rencor, no perdona o guarda ofensas, de igual forma está pecando. Estas puertas permiten entrar los ataques espirituales. Dios no mide los pecados, todos son iguales, por eso Jesús murió por todos ellos.

Si en su hogar suceden cosas sobrenaturales y no comunes, debe mantearse ungiendo su hogar y dedicarlo a Jesús bajo su poderosa Sangre. Cuando vaya a dormir siempre tenga una libreta y lápiz cerca, en las noches Dios da instrucciones y si no las anota el enemigo le hará olvidar y al levantarse en la mañana no sabrá lo que Dios le habló. Tengo conocimiento de personas, a las que Dios le da direcciones y números de casas en las madrugadas y al levantarse no recuerdan nada de las instrucciones de Dios para con ellos y su prójimo.

Recuerde, la interpretación de los sueños en este libro, fue basado en las personas que nos escribieron compartiéndolos para que le ayudáramos. Los sueños fueron manifestados tal como Dios nos entregó la revelación. Esto no quiere decir que con usted Dios opere igual. Esto lo recalco varias veces, porque Él es Dios de multiforme gracia y trabaja como quiere y con quien quiere.

No me responsabilizo por los sueños que usted tenga y los adjudique a estas interpretaciones ya que cada caso es individual. No autorizamos a decir que tal interpretación se le entregó a usted de sus sueños sin antes nosotros haber intervenido para servirle.

¿CÓMO VENCER SUEÑOS DE ATAQUE?

Primero, identifique que estos sueños no son provocados por usted, por haber visto películas o mantenerse en fuerte ansiedad. Segundo, reconozca si hay pecado en usted y arrepiéntase. Tercero, tome tiempo de oración, pídale al Espíritu Santo que lo visite y lo llene. Por último, no vuelva a pecar, únjase y también su casa.

¿CÓMO REACCIONAR A LOS SUEÑOS DE DIOS?

Identifique que es Él, anote la fecha, tome notas de este y ore para saber qué hacer con las directrices dadas por Él. Ore constantemente hasta que vea manifiesto lo que Dios le reveló, porque sino el enemigo hará lo posible para que usted no lo recuerde.

¿CÓMO REACCIONAR A MIS VISIONES?

Escriba a quién vio en la visión, qué se le reveló y comuníquese con la persona envuelta si es madura. Si no lo es, nuestra máxima responsabilidad es orar para la intervención de Dios en la vida de dicha persona.

¿QUÉ DEBO HACER BAJO ATAQUES DE PARÁLISIS?

Si logra hablar reprenda en el nombre de Jesús, sería lo ideal para que esta influencia le suelte. Si no, inmediatamente que Dios le asista (siempre lo hace porque nos ama), identifique si usted o su pareja tiene puertas abiertas, arrepiéntase del pecado cometido y vuélvase a Dios. Lleve una vida alta de oración y no se aparte del Señor.

¿QUÉ HACER PARA PODER DORMIR EN PAZ Y QUE DIOS PUEDA HABLARME?

No vaya a dormir con angustias, aprenda a descasar en el Señor, tampoco se afane por algo que no puede solucionar, aprenda a escoger sus batallas. La Biblia nos dice:

¿Y quién de vosotros podrá, por mucho que se afane, añadir a su estatura un codo?
-Mateo 6:27 LBLA

El enemigo querrá hacerle creer que Dios no habla en sueños, sin embargo, deseo recalcarle la experiencia del rey Nabucodonosor.

De la manera que viste que del monte fue cortada una piedra, no con mano, la cual desmenuzó el hierro, el bronce, el barro, la plata y el oro. El gran Dios ha mostrado al rey lo que ha de acontecer en lo por venir; y el sueño es verdadero, y fiel su interpretación.
-Daniel 2:45

Cuando usted le dé valor a sus sueños, Dios incrementará los mismos para seguir dirigiéndole. El no tomar nota de sus sueños hará que cuando necesite recordarlos sea difícil. No hay nada más frustrante que no poder discernir lo que Dios desea hablarle.

El rey respondió y dijo: Me doy perfecta cuenta de que ponéis dilaciones, porque veis que el asunto se me ha ido.
-Daniel 2:8

Nabucodonosor estaba en angustia porque no recordaba el sueño que tanto le perturbó, el sabía que el mismo cargaba un mensaje. Sin embargo, no fue hasta que apareció el ungido de Dios, Daniel, que pudo asistirle. No importa quién esté en autoridad, siempre Dios será la respuesta y el auxilio de todas las naciones.

Actúe

Cuando un sueño no proviene de Dios puede llevarle a decisiones descontroladas y desesperadas. Hay sueños producidos por el deseo o desespero de nuestro corazón.

Y a mí me ha sido revelado este misterio, no porque en mí haya más sabiduría que en todos los vivientes, sino para que se dé a conocer al rey la interpretación, y para que entiendas los pensamientos de tu corazón.
-Daniel 2:30

Por esto debemos estar conectados a la fuente que es Dios, mantenernos adorando a Jesús y con alta comunión con el Espíritu Santo. Este vínculo trinitario nos dará poder, estabilidad espiritual y nos ayudará a continuar hacia la meta que es llegar a la estatura del varón perfecto, Jesús.

Valore la visitación de Dios, su cuidado y advertencia en sueños y visiones. No siempre lo escuchará audiblemente, pero Él, siempre se presentará para hacernos saber que nos ama, nos cuida, nos advierte, nos dirige y nos muestra su amor. Ignorar una visitación sobrenatural, es también darle la espalda al cielo, viviendo acá en la tierra. Jamás ignore la atmósfera donde fue creado, esto le mantendrá con vida.

Porque por él fueron creadas todas las cosas, las que hay en los cielos y las que hay en la tierra, las visibles y las invisibles; sean tronos, sean dominios, sean principados, sean potestades; todo fue creado por medio de él y para él.

-Colosenses 1:16

Oración por Salvación

Su salvación es muy valiosa e importante. Si usted se ha apartado o si nunca ha recibido a Nuestro Señor Jesús en su corazón le invito a tomar la mejor decisión de su vida.

Solo repita esta oración:

Señor Jesús, te entrego mi vida y todo lo que soy. Perdona mis pecados, mis pensamientos incorrectos y mi mal proceder. Me arrepiento de todo lo que he hecho y de haber estado apartado(a) de tu presencia. Desde hoy, escribe mi nombre en el libro de la vida, sé que me amas y te podré ver cara a cara. Permíteme tener comunión con la persona del Espíritu Santo y hazme digno(a) de tu nombre.

Solo Tú serás mi Dios, en el nombre de Jesús, Amén.

Permítanos conocerle

Si este libro ha sido una herramienta de bendición para usted o si ha aceptado al Señor Jesús luego de hacer la oración antes mencionada, nos gustaría saberlo.

Escríbanos a: ritaariasministries@gmail.com o contáctenos a través de nuestra página ministerial en Facebook: Rita Arias Ministerio Profético & Evangelístico.

Made in United States
Cleveland, OH
11 February 2026